Louise Otto Peters

Das Recht der Frauen auf Erwerb

Blicke auf das Frauenleben der Gegenwart

Louise Otto Peters

Das Recht der Frauen auf Erwerb
Blicke auf das Frauenleben der Gegenwart

ISBN/EAN: 9783743470804

Hergestellt in Europa, USA, Kanada, Australien, Japan

Cover: Foto ©ninafisch / pixelio.de

Weitere Bücher finden Sie auf **www.hansebooks.com**

Das Recht der Frauen auf Erwerb.

Bei Hoffmann und Campe in Hamburg sind erschienen:

Aston, Louise, aus dem Leben einer Frau	—	22½
Bastiat, Frederic, ausgewählte volkswirthschaftliche und politische Schriften. 2 Bände	2	15
Börne, Ludwig, gesammelte Schriften. 12 Bände . . .	10	
Boyes, Joseph M., die Selbsthülfe in Lebensbildern und Charakterzügen nach dem Englischen des Samuel Smiles	1	10
Daumer, G. F., die Religion des neuen Weltalters. 3 Bde.	4	15
Douglaß, Frederic, Sclaverei und Freiheit. Autobiographie	1	15
Engländer, Sigmund, Geschichte der französischen Arbeiter-Associationen. 4 Theile	5	—
Falkson, Ferd., Giordano Bruno	1	15
Gutzkow, Dr. K., zur Philosophie der Geschichte . . .	1	20
— — — öffentliche Charaktere	1	20
Heine, Heinrich, sämmtliche Werke. 1—20. Band . . .	16	20
Herz, H. S., die Lehre von Arbeit und Capital	—	3
Herzen, A., Aus den Memoiren eines Russen. Im Staatsgefängniß und in Sibirien	1	—
— Aus den Memoiren eines Russen. Neue Folge: Petersburg und Nowgorod	—	20
— Aus den Memoiren eines Russen. Dritte Folge: Jugenderinnerungen	1	—
— Aus den Memoiren eines Russen. Vierte Folge: Gedachtes und Erlebtes	1	—
— Briefe aus Italien und Frankreich	1	—
— Rußlands sociale Zustände	1	—
— Vom anderen Ufer	1	15
Hornay, Alexander von Humboldt, sein Leben, Wollen und Wirken, für Volk und Wissenschaft	—	15
Immermann, K., Memorabilien. 3 Bände	5	10
v. Kobbe, P., Geschichte der neuesten Zeit. 2 Bände . .	3	—
Memoiren der Fürstin Daschkoff. 2 Thle	3	—
Muttersorgen und Mutterfreuden. Worte der Liebe und des Ernstes über Kindheitspflege und Erziehung. 2 Theile .	2	—
Pösche, H., Friedrich Fröbels entwickelnd erziehende Menschenbildung als System	1	15
Quetelet, A., Zur Naturgeschichte der Gesellschaft. Deutsch von Dr. K. Adler	1	7½
Rée, Dr. Anton, Wanderungen eines Zeitgenossen auf dem Gebiete der Ethik. 2 Bände	2	—
Schaedler, O. H. v., allgemein verständliche Psychologie	1	7½
Smetana, Dr. August, die Katastrophe und der Ausgang der Geschichte der Philosophie	1	15
Volckhausen, C., drei Reden über Gewissensfreiheit . .	—	6
Volkswirthschaftslehre. Eine populäre Darstellung dieser Wissenschaft	1	15

Das

Recht der Frauen

auf Erwerb.

Blicke auf das Frauenleben der Gegenwart

von

Louise Otto.

Mit einem Vorwort von Joseph Heinrichs.

Hamburg,
Hoffmann und Campe.
1866.

Vorwort.

Als im Herbst v. J. die Einladungen zu einer Versammlung veröffentlicht wurden, die sich mit der bedrängten Lage des weiblichen Geschlechts, mit der Erörterung der Mittel diese Lage zu verbessern, beschäftigen sollte — horchte man überall in Deutschland auf und war gespannt, was diese Versammlung der Welt wohl Neues und Wunderbares bieten würde. Die Erwartungen stellten sich nachgerade so hoch, daß ihnen eine Enttäuschung folgen mußte. Man hatte die Proclamirung irgend einer neuen Idee, man hatte großartige Rede= kämpfe und eine Kriegserklärung der unterdrückten Frauen gegen die Männerwelt erwartet: und nun verlief Alles so nüchtern und still, — keine einzige That ging aus den Verhandlungen hervor, „keine mächtige Persönlichkeit, kein nennenswerthes Talent ragte hervor" *) — nicht einmal dem Humor wurde Rechnung getragen, denn die Anstrengungen von gewisser Seite, die Sache in's Komische zu zie= hen, wurden gleich von vornherein unschädlich gemacht und des= avouirt.

Tant de bruit pour une omelette!

ertönte es von allen Seiten — große und kleine Kritiker füllten die Feuil= letons der Zeitungen mit mehr oder weniger wohlwollenden Bemer= kungen über die „Leipziger Frauenschlacht" und alle Diejenigen, die

---

*) Nr. 539. der National=Zeitung vom 17. November 1865. „Der Leip= ziger Frauentag und die Lettesche Denkschrift." (Von einer Frau.)

es vorgezogen hatten, ihre Theilnahme für die Sache vorerst in der Stille zu äußern — sie alle wünschten sich Glück zu ihrer diplomatischen Schlauheit, die sie vor jeder „Mißdeutung" bewahrt hatte.

Was war denn nun eigentlich in Leipzig geschehen? Ein Paar armselige Resolutionen waren gefaßt worden, ein kleines Statut entworfen für einen großen Frauen-Verein, dessen Mitgliederzahl für's Erste kaum in die Hunderte ging. Winzige Resultate allerdings im Verhältniß zu den großen Dimensionen der Frauenfrage — winzig im Vergleich zu den gestellten Forderungen und den gehegten Erwartungen! — — Und doch hat diese Versammlung einen **großartigen** Erfolg gehabt dadurch, daß sie die von ihr verhandelte Frage erst recht eigentlich in Fluß gebracht und die Aufmerksamkeit der zunächst Betheiligten, wie der Presse und des größern Publikums ihr zugewendet hat. Abgesehen von allem Andern, darf **dieses** Resultat schon als ein schätzenswerthes betrachtet werden. Trotz aller Feindseligkeit und trotz vieler geringschätzenden Spöttereien hat sich das Bewußtsein Bahn gebrochen, daß es sich um eine hochwichtige Angelegenheit handelt, die ein Recht darauf hat, mit Ernst und Eifer in die Hand genommen zu werden. Man konnte das **Vorgehen** der Leipziger Conferenz, die von ihr vorgeschlagenen Mittel u. s. w. tadeln, man konnte den Mangel an **Thaten**, den Mangel an bedeutenden Persönlichkeiten beklagen: **aber die aufgestellten Ziele mußten als sach- und zeitgemäße, ihre Erreichung für eine der bringendsten Forderungen der Gegenwart anerkannt werden.**

Dieser eine Erfolg ist bedeutend genug, um den Theilnehmern der Leipziger Versammlung, die es ehrlich mit der Sache meinten, eine Genugthuung zu gewähren und sie die mannigfachen Angriffe und Verdächtigungen, die von allen Seiten gegen sie erhoben wurden, vergessen zu lassen. Sie haben eine Anregung gegeben, die nach dem zu schließen, was in den letzten Monaten hier und da in verschiedenen Gegenden Deutschlands geschehen, kräftig genug gewesen ist, der Sache Freunde zu gewinnen und ihre Lösung in Aussicht zu stellen. Mehr zu erreichen hat jene Versammlung von Anfang an nicht gehofft — die Illusionen einzelner Sanguiniker sind von der Majorität entschieden zurückgewiesen worden.

Die gegenwärtige Agitation für das Recht der weiblichen Arbeit hat mit den verschwommenen Emancipations-Idealen der Vierziger Jahre Nichts zu schaffen: indem sie sich auf das rein ökonomische Gebiet beschränkt, — indem sie von vorhandenen, greifbaren Mißständen ausgeht und diese zu verbessern und aufzuheben trachtet, stellt sie sich auf praktischen Boden und hat die Zukunft für sich. Sie wird bei uns, so sehr wir die englischen Muster lieben, nicht so rührig und entschieden betrieben wie jenseit des Kanals — wir besinnen uns noch immer und suchen mit vielem Scharfsinn nach dem passendsten Ende, an dem die Sache anzufassen: aber sie wird nichtsdestoweniger, ein Mal in die rechte Bahn gelenkt, mit deutscher Ausdauer und deutscher Gründlichkeit zum Ziele geführt werden. — Die Reform, die wir anstreben, ist Zweck für sich, nicht Mittel für andere Ziele, wie dies auf demselben Gebiete in Frankreich der Fall ist (Simon. Pelletan.) Gott sei Dank, ist der Boden des **deutschen** Familienlebens noch nicht so unterwühlt von der Sittenlosigkeit, daß **unsere Menschenfreunde** nöthig hätten, die Erziehung der Frauen in die Hand zu nehmen, um **die Familie und die Gesellschaft zu retten**. Wir stehen noch auf festem Boden — die Tugenden der Germanen, die Tiefe des deutschen Gemüths, deutsche Treue, deutsche Sitte und Biederkeit sind noch keine Mythen geworden. — **Die einzige Emancipation, die wir für unsere Frauen anstreben, ist die Emancipation ihrer Arbeit.**

Nachdem so viel über diese Fragen gesprochen und geschrieben worden, ist es ermüdend, das Unzulängliche der bisherigen Erwerbsverhältnisse des weiblichen Geschlechts immer und immer wieder darzuthun und die Bedenken derer zu widerlegen, die, vorgeblich im Interesse der wahren Weiblichkeit, unser Vorgehen bekämpfen und den von uns behaupteten Nothstand leugnen, allen Erfahrungen, allen täglichen Beispielen zum Trotz. Man sagt: die Frau sei bestimmt für das Leben in der Familie — sie solle im Hause herrschen. Alle Versuche, ihre Thätigkeit im öffentlichen Leben anzusiedeln, seien ihrer Frauen-Natur schädlich, müßten früher oder später fehlschlagen. Man beruft sich auf Gesetze der Physiologie, auf die Statistik, auf die Geschichte. Der ungenannte Verfasser einer Reihe von Aufsätzen „zur Frauenfrage" in der Breslauer Zeitung, von denen wir hier Notiz nehmen um daran zu zeigen, welche Einwürfe uns gemacht werden, behauptet geradezu: diese ganze Reform-Bewegung beruhe auf einem Verkennen des Wesens der Frau — ihr Mittelpunkt seien die soge= nannten Geheimrathstöchter, die, nachdem sie mit ihren übermäßigen Ansprüchen an's Leben Schiffbruch gelitten, nachdem sie den Segen der Begründung eines eigenen Heerdes verscherzt, sich einer unklaren Sehnsucht nach Selbstständigkeit hingeben und dieselbe durch das „Recht auf Arbeit" erringen wollten. — Die Aehnlichkeit, die der Verfasser zwischen der Frauenfrage und dem Sozialismus findet, die Behauptung, es handle sich dabei um einen Kampf gegen die Gesetze der Natur und die Meinung, daß nur „die Geheimrathstochter" der Ursprung der ganzen Agitation seien — diese Voraussetzungen sind aber irrig und alle daran geknüpften Folgerungen haben keine Bedeu= tung. Wir stimmen ihm zu, wenn er den Kreis der Familie als den edelsten Berufskreis für die Frau in Anspruch nimmt, seine Apologie der Ehe hat ihr großes Recht — wenn er aber die Frage durch das eine Zauberwort „Heirathet!" gelöst wissen will, so ist dies doch seinerseits ein Verkennen der wirklichen Verhältnisse, die mit unerbittlichem Ernst einen großen Bruchtheil der Frauen auf die Nothwendigkeit der Selbsterhaltung hinweisen, selbst dann noch, wenn sie so glücklich waren, sich glücklich zu verheirathen. Jene Aufsätze haben nun ein Mal die Misere gewisser Gesellschaftsklassen auf's Korn genommen — das „noble Proletariat" der Beamtenkreise, die unberechtigten Ansprüche der „Geheimrathstochter:" so verdient die Geißelhiebe nach dieser Seite auch sind, so liegt doch zu Tage, daß die von uns angestrebten Reformen noch ganz anderen und weit größeren Kreisen zu gute kommen sollen, die der Verfasser ignorirt.

In seiner Polemik gegen den Leipziger Frauen-Verein, gegen Lette und Virchow, gegen Stuart Mill, Pelletan und Jules Simon, überredet er uns, daß es eigentlich bei uns gar keiner Reformen, wie jene sie anstreben, bedürfe, daß alles Heil in einer einfachen, praktischen Erziehung und in der Schließung der Ehe liege. Auch die Verbesserung der Bildungsmittel ist überflüssig: „der Mann soll der Lehrer der Frau sein." Er sucht nachzuweisen, daß mehr Frauenarbeit gesucht werde als sich anbiete — er spottet über die gelehrten Frauen — er bezweifelt den Beruf der Frauen für die meisten der neu vorgeschlagenen Erwerbszweige, namentlich für die Heilkunde und sagt dann doch wieder ganz ernsthaft: „die Noth ist allerdings da, — sie ist schlimmer noch als sie geschildert werden kann." So wenig aber Brougham's Zuruf an die Arbeiter: „Werdet Kapitalisten!" das Problem der sozialen Frage löst, so wenig kann die Frauenfrage aus der Welt geschafft werden durch die wohlwollende Mahnung: „Heirathet!" Man kann eben so gut einem Ertrinkenden zurufen: „Schwimme doch!"

Die Sache ist zu ernst um für Spielereien ausgebeutet zu werden. Es ist in der Ordnung, daß jeder Versuch, die Frau ihrer Bestimmung zu entfremden, gegeißelt und mit Entschiedenheit zurückgewiesen werde. Das Streben aber: „**die Arbeit der Frau innerhalb der Grenzen ihrer Natur und den Anforderungen der Zeit entsprechend zu organisiren, — dieses Streben verdient die Anerkennung und Unterstützung aller Verständigen.**"

Wir wollen auch keine neuen Erwerbsarten für die Frauen erfinden. Wir wollen aus der Zahl der vorhandenen nur diejenigen für das weibliche Geschlecht ausgewählt wissen, für die es sich vorzugsweise eignet, in denen es Aussicht hat, seine Fähigkeiten in angemessener Art zu verwerthen. Wir wollen die durch Sitte und Vorurtheil vielfach beschränkte Möglichkeit, dieses Ziel zu erreichen, der Frau näher rücken, indem wir ihre Bildung erhöhen, indem wir sie auf ihre Kraft hinweisen und indem wir ihr einen Einblick in die wirthschaftlichen Gesetze, auf denen unsere Gesellschaft ruht, gewähren. **Darüber hinaus** verlangen wir nur die **Freiheit für die individuelle Entwickelung**, die auch einer Frau unter allen Umständen gestatten soll, sich demjenigen Berufe zu widmen, für den sie Neigung und Talent besitzt. Romantiker selbst wie Michelet, der es für eine Entwürdigung der weiblichen Natur ansieht, daß die Frau **arbeiten muß**, räumen die **Unentbehrlichkeit** der Frauenarbeit ein. Indem wir dasselbe thun, indem wir von den gegebenen Zuständen ausgehen, richtet sich unser alleiniges Streben dahin: die Arbeit der Frau in Bahnen zu lenken, die den Eigenthümlichkeiten ihrer Natur, die ihrer Bestimmung für das Leben in der Familie nicht zuwider sind. Die **geträumte** Gefahr, die ein weiblicher Samson für die Weiblichkeit sein würde, ist **Nichts** gegen das **wirklich vorhandene** Elend der Frauen in den Fabriken und ihre Theilnahme an Männerarbeiten, die ihre physischen Kräfte übersteigen und ihr natürliches Zartgefühl verletzen.

So mannigfach die Versuche in dieser Richtung schon sind: die Sache im Ganzen ist doch noch neu und es kann an Mißdeutungen, an Ausschreitungen aller Art und an **verfehlten** Experimenten kein Mangel sein. Wäre **das** ein Beweis gegen die Berechtigung der Frage? Es werden freilich noch Jahre und Jahrzehnte hingehen, ehe die reichhaltigen Programme der Frauen-Vereine sich verwirklichen werden, aber sicher werden sie ihr Ziel im Auge behalten und es liegt kein sachlicher Grund vor, der ein Recht gäbe, aus dem bisherigen Verlaufe der Agitation ihr baldigstes Erlöschen zu prophezeien. Die Frage ist, sowohl nach den Beschlüssen der Leipziger Conferenz als auch unabhängig von ihnen, an verschiedenen Orten in die Hand genommen worden — es ist vielleicht zu bedauern, daß persönliche Rücksichten aller Art ein Handinhandgehen der einzelnen Vereine und einen Anschluß an den allgemeinen deutschen Frauen-Verein bis jetzt verhindert haben: andererseits ist dieses selbstständige Vorgehen auf verschiedenen Punkten ein Zeugniß dafür, daß die Bewegung nicht von obenher organisirt, daß sie vielmehr aus der Erkenntniß der vorhandenen Mißstände entsprungen ist und durch lokale Thätigkeit praktische Erfolge zu erzielen sucht. Eine Zersplitterung der Kräfte haben wir vorerst nicht zu fürchten; das Ziel, welches in den Vordergrund gerückt ist: die Befreiung der weiblichen Arbeit von den ihrer Bethätigung entgegenstehenden Hindernissen aller Art — dieses Ziel ist ein gemeinsames und wie mannigfach die vorgeschlagenen Mittel sein mögen, ihm näher zu kommen, wie viele noch im Laufe der Zeit sich als unpraktisch und verderblich erweisen werden, daran ist nicht zu zweifeln, daß das Ziel selbst erreicht werden wird und daß die Frauen, daß die menschliche Gesellschaft dabei nur gewinnen können.

Dr. Lette in Berlin, der Gründer und Präsident des dortigen Frauen-Vereins, verwahrt sich in seiner „Denkschrift ꝛc." vor allen sogenannten „Emancipations"-Gedanken, er will von einer Gleichberechtigung der beiden Geschlechter nichts wissen und spricht den Frauen sogar den Beruf ab, ihre eigenen Angelegenheiten ohne männliche Leitung zu besorgen. Es scheint mir ein gutes Zeichen zu sein, daß diese Prinzipienfragen gar nicht erst zur Diskussion gezogen werden. Es ist darüber hinlänglich verhandelt worden — die Radikalen und Konservativen stehen sich in getrennten Lagern gegenüber und sie bescheiden sich mit der Zeit, daß sie durch die Gewalt ihrer Gründe an den bestehenden Zuständen nur unendlich wenig ändern können. Ueber diese Streitfragen wird eine Zukunfts-Aera entscheiden, die mit den Zuständen der Gegenwart vielleicht nur geringe Beziehungen haben wird. Wie nah oder fern aber diese neue Zeit sein mag: mit Zukunftsträumen haben wir nichts zu schaffen und wir können insoweit der Lette'schen Verwahrung unsere Zustimmung geben, indem sie die Agitation auf ein neutrales, das rein wirthschaftliche Gebiet einschränkt und Alles von ihr fernhält, was geeignet wäre, einen müssigen Prinzipienstreit heraufzubeschwören.

Das vorliegende Schriftchen unternimmt es, dem unbefangenen Urtheil dieser Frage gegenüber einige Anhaltpunkte zu geben, die in dem unerquicklichen Zeitungskampfe über das Ziel und die Lebensfähigkeit unserer Reform-Bestrebungen vielleicht einigen Werth haben, weil sie das Resultat langen Nachdenkens, ruhigen Erwägens und vieler Beobachtungen sind. Es trägt vielleicht dazu bei, die Vorurtheile, die hier und da gegen das begonnene Werk noch ausgestreut und gehegt werden, zu klären und ihm neue Freunde und Freundinnen zu gewinnen. Es will nach keiner Seite angreifen oder verletzen — es verzichtet auf jede persönliche Polemik und hat rein die **Sache** im Auge, der es gewidmet ist und die Absicht, zu einer **Verständigung** darüber die Hand zu bieten. — — In diesem Geiste sei es der Lesewelt empfohlen.

Lissa (Posen), den 1. Juli 1866.

Joseph Heinrichs.

Inhalt.

		Seite
	Vorwort von Joseph Heinrichs.	
I.	Der Beruf der Frauen. Die Braut. Gattin. Mutter. Die Wittwen. Die Ehelosen. — Liebe und Leben.	1—19
II.	Die Unzulänglichkeit der gegenwärtigen weiblichen Erwerbszweige. Strickerinnen. Klöpplerinnen. Näherinnen. Stickerinnen. Gouvernanten. Bonnen. .	19—32
III.	Die Familie und ihre Pflichten. Die Ehe, menschliche und weibliche Bestimmung. Die Stellung der Töchter in ihr neben den Söhnen.	32—48
IV.	Selbstständigkeit. Selbst stehen, sich selbst bewachen, selbst ernähren. Rettung des wahrhaft Weiblichen. Aufhebung der Geschlechtsvormundschaft.	48—94
V.	Selbsthülfe. Nur was man durch eigene Kraft erringt hat einen Werth. Kindererziehung. Selbstzweck der Mädchen. Pflicht sich selbst zu erhalten. Weibliche Bestrebungen für das Frauen-Recht im Dienst der Subjectivität, der Politik, des Sozialismus. Die Gründung des Allgemeinen deutschen Frauenvereins. Das Recht der freien Selbstbestimmung.	94—99
VI.	Fortschritte und Aussichten weiblicher Erwerbsthätigkeit. Künstlerinnen und Schriftstellerinnen. Weibliche Aerzte. Lehrerinnen und Kindergärtnerinnen. Handels- Oekonomie- und Industrieschulen. Eintritt in das Handwerk. Fabrikarbeiterinnen.	99—105

I.
Der Beruf der Frauen.

Der Beruf der Frauen! Welche lieblichen Bilder entfaltet man vor uns, wenn diese Worte ausgesprochen werden! Da steht sie die weißgekleidete Braut, mit dem grünen blühenden Myrthenkranz und dem wallenden Schleier im schön geordneten Haar, da steht sie an der Seite des Bräutigams, umringt von ihren Gespielinnen, gesegnet von einem zweifachen Elternpaar, der Mittelpunkt des fröhlichen Hochzeitfestes — Alles hat nur Augen für sie, Alles ist nur darauf bedacht sie zu beschenken, zu verherrlichen, ihr zu dienen — sie ist die Königin des Festes; diese Blumen, diese Guirlanden, diese Gesänge — sie gelten ihr. Der Bräutigam, im vorschriftsmäßigen schwarzen, unpoetischen Anzug, verliert sich fast daneben — er spielt gewissermaßen die zweite Rolle. Aber alle die Aufmerksamkeiten, die man seiner Braut widmet, alle die Beweise der Freundschaft und Verwandtenzärtlichkeit, welche diese empfängt, sagen ihm ja, welch' ein Kleinod er erworben.

Und ist nicht jenes Bild dem ersten an Reiz zu vergleichen, wenn die junge Frau im einfachen, aber zierlichen Hauskleid in den Räumen waltet, die nun ihre Häuslichkeit bilden? Alles, was sie umgiebt, ist neu und modisch, nur eben frisch aus den Werkstätten der Industrie und des Handwerks hervorgegangen. Und nicht die Zimmer allein, versehen mit all' dem Schmuck, den die Hand der Liebe und der Kunst gespendet, sind mit reizenden Schmuckkästchen zu vergleichen: selbst die Küche steht nicht nach an Nettigkeit und Sauberkeit. Da ist an dem einfachen Holzgeräth noch kein Fleckchen zu entdecken, da funkeln und blitzen noch alle Blechgefäße in ihrem na-

türlichen Stahlglanz oder im bunten Lack, und Heerd und Kochma=
schine mit porzellanartigen Fließen tragen keine Spuren von Rauch
und Ruß. Wie wohl steht es der jungen Hausfrau, wenn sie hier
ab= und zugeht und sich keine Ruhe gönnt, bis sie weiß: das Lieb=
lingsgericht ihres Mannes ist nun so gelungen, daß er sagen wird:
es habe ihm nie, auch nicht in dem größten Hôtel so gut geschmeckt!
Und wenn er nun heim kommt aus seinem Geschäft, von seinem
Beruf und das wirklich sagt, wenn er allein mit ihr an dem Tische
sitzt, den sie selbst gedeckt, wenn er die Hand küßt, die vielleicht um
seinetwillen sich ein bißchen verbrannte, und wenn er dann nach dem
Mittagsmahl ein Stündchen in ihren Armen auf dem Sopha ruht
von den Anstrengungen, vielleicht Widerwärtigkeiten seines Berufes,
die nicht hierher in dies stille Asyl seiner Liebe dringen dürfen —
wie reich belohnt ist dann die liebende Gattin, in welchem rosenfar=
benen Lichte erscheint ihr dann ihr Geschick, was sind all' ihre Mäd=
chenfreuden gegen diese Momente süßester Genugthuung!

Aber es giebt noch ein reicheres Bild des Frauenlebens: es ist
die Mutter im Kreise ihrer Kinder. Mag sie das jüngstgeborne Kind
auf dem Arme tragen oder es in der Wiege zum Schlummer singen,
mag sie ihren größeren Kindern Märchen erzählen oder die älteren
bei ihren Schularbeiten beaufsichtigen, ja mag sie selbst an ihren
Krankenbetten wachen und beten: es ist ein Bild, welches das Weib
in seiner natürlichen Glorie, in seiner Unentbehrlichkeit zeigt.

Und schön ist auch noch das Loos der alten Frau, wenn sie
an der Seite des mit ihr alt gewordenen Gatten noch immer freudig
und rüstig waltend die erste Vorsteherin des Hauses ist. Schön auch
noch dann, wenn es wieder leer und still geworden in den einst
durch blühende Kinder belebten Räumen, weil jene nun längst selbst
ihren eignen Heerd sich gegründet haben. Aber Festtage giebt es,
wo sich die Kinder mit den lieben Enkeln wieder im alten Eltern=
haus versammeln, alle Kindererinnerungen wieder aufgefrischt werden
und alle durch ihr Thun und Treiben bekunden: der Vater ist das
Haupt der Familie, aber die Mutter ist das Herz derselben — an
das flüchteten sich immer alle Glieder des Hauses, die einmal etwas
auf dem Herzen hatten, und sie flüchten sich noch jetzt daran, wenn

Stürme des Lebens kommen und finden in ihrer Milde, in ihrer nach Prüfungen aller Art erkämpften und darum bleibenden Heiterkeit den verlornen Frieden wieder. Um den Segen der ehrwürdigen Matrone, die ihr ganzes Leben lang nur darauf bedacht gewesen Segen um sich auszubreiten, flehen alle, die zu einer solchen gottbegnadeten Familie sich zählen dürfen, in der die Liebe das Haus nicht allein erbaute, sondern auch bewachte, daß die Geister des Hasses und der Zwietracht, ja nur des Eigennutzes und des Zwistes für immer daraus verbannt waren.

Heil den Frauen, die all' das erlebten, denen ein solcher Beruf zu Theil ward und die es verstanden ihn auszufüllen!

Das, was wir da schilderten, ist der schönste und gewissermaßen leichteste, weil von der Hand der Natur selbst einfach vorgezeichnete Beruf der Frauen — daß man es aber als den **einzigen** derselben hinstellt, ist einerseits eine Verwirrung der Begriffe überhaupt und steht andererseits im grellen Widerspruch mit allen Verhältnissen, wie sie im Laufe der Zeit sich herausgebildet haben.

Die Begriffsverwirrung liegt schon einfach darin, daß nicht etwas, was von der Zufälligkeit des Geschickes abhängt, Beruf und Bestimmung des Menschen sein kann. Es ist eine allbekannte Thatsache, daß schon im Kindesalter mehr Knaben als Mädchen sterben und eben so, daß mehr Frauen als Männer ein hohes Alter erreichen. Daraus allein geht schon hervor, daß nicht jedes Mädchen sich verheirathen kann — außerdem, daß noch die statistischen Tabellen aller Länder nachweisen, daß sich die Ehen vermindern, daß viele Männer gar nicht heirathen und dadurch noch viel mehr Mädchen sich genöthigt sehen, auf das Glück der Ehe und der Erfüllung jedes damit zusammenhängenden weiblichen Berufs zu verzichten, als schon bisher der Fall war. Und das Mädchen, das durch sein Geschick sich ausgeschlossen sieht von dem natürlichsten und darum befriedigendsten Glück des Lebens, das will man auch noch mit dem Vorwurf, mindestens mit dem Bewußtsein belasten: seine Bestimmung verfehlt zu haben und will es doppelt unglücklich machen, indem man ihm den Glauben an sich selbst nimmt, den Glauben noch eine andere Bestimmung zu haben als die physische, noch einen andern Wirkungskreis als den, der nur um den einen Mann sich dreht.

Und dennoch denken unzählige Eltern nur daran, ihre Mädchen für einen Beruf zu erziehen, den diese möglicher Weise ganz „verfehlen." Sie haben immer nur eine künftige Ehe im Auge und da mit dieser die Leitung eines Hauswesens und die Mutterschaft und Kindererziehung meist zusammenhängt, so glauben Viele ihr Bestes zu thun, wenn sie die Aufmerksamkeit ihrer Töchter auf diese Punkte lenken. Noch einmal sei es wiederholt: auch wir halten die Ehe, d. h. nur eine rechte, zu wahrhaft gegenseitiger Ergänzung geschlossene, für das höchste Gut des Lebens und für denjenigen Zustand, in dem alle schönsten Anlagen des Gemüthes sich am segensreichsten entwickeln lassen; aber wir finden eben darum in der Ehe eine für beide Theile ganz gleiche menschliche, keineswegs nur eine specifisch weibliche Bestimmung, und so nöthig es ist ein Mädchen über die Pflichten zu belehren, die sie in der Ehe übernimmt, so nöthig wäre dies auch bei dem Manne. Wenn es der Beruf der Frau ist, wie wir vorhin sagten, das Herz einer Familie und der des Mannes, das Haupt derselben zu sein, so liegt eben der gemeinsame, natürlichste Beruf Beider darin, die Familie vereint zu begründen und zu erhalten. Damit übernehmen und lösen Beide eine heilige Aufgabe und wenn darin auch der Frau durch Alles, was mit der Mutterschaft zusammenhängt, die schwerere zu Theil wird, so ist doch der Mann nicht minder als sie für das Glück und moralische Gedeihen der Familie verantwortlich zu machen. Hat doch Mancher seine Familie nur dadurch unglücklich gemacht, daß er nicht wußte, was die Erhaltung einer solchen erforderte und niemals begriff, daß auch die beste und fleißigste Hausfrau einen Hausstand nicht in Blüthe zu erhalten vermag, wenn der Mann nicht eben so rastlos wie sie für die Seinen arbeitet und um ihretwillen sich selbst auch einmal etwas versagen kann. Und was die Kindererziehung betrifft, so macht oft der Unverstand und die Unfähigkeit manches Vaters, Kinder richtig zu behandeln, auch das mühsamste Werk der gewissenhaftesten Mutter zu nichte, und statt sie in ihrem schwierigen Werke durch Rath und That kräftig zu unterstützen, erschwert er es nur durch seine Einfälle, Launen, oder durch Theorien, die sich meist unter den gegebenen Verhältnissen (deutlicher könnten wir auch sagen: mit dem gegebenen Wirthschaftsgeld) nicht ausführen lassen. Es wäre also eben so nöthig, auch der Mann bereitete sich auf die Pflichten vor, die er einer Frau und seinen Kindern gegenüber übernimmt, wie das Mädchen, und es wäre dann noch viel berechtigter, dem ledig bleibenden Mann vorzuwerfen: daß er eine seiner Lebensaufgaben nicht erfülle, wie dem ledig bleibenden Mädchen, denn bei dem Mann ist jenes eine Sache der freien Wahl und bei diesem nur zu oft Sache des Geschickes.

Aber wie man nicht den Mann, der ohne Lebensgefährtin bleibt, der keine Familie gründet, deshalb als unnützes Mitglied der menschlichen Gesellschaft betrachtet, da er ja doch einen Wirkungskreis hat, ein nützliches Mitglied des Staates und im Grunde für das, was er thut, Niemandem verantwortlich ist, als sich selbst — so muß auch für Mädchen das gleiche Recht in Anspruch genommen werden. Auch für die Mädchen, welche ledig bleiben wollen oder müssen, ist die gleiche Achtung zu beanspruchen. Auch sie müssen sich einen Wirkungskreis suchen können, der ihrem Leben einen Inhalt giebt, ihre Existenz sichert und sie zu nützlichen Mitgliedern der menschlichen Gesellschaft macht, auch sie darf man nicht mit dem immer erneuten Fluch belasten, ihre Bestimmung verfehlt zu haben.

Man muß daher aufhören, jene reizenden Bilder des Frauenlebens, die wir vorhin aufrollten, der jungen Mädchenwelt als dasjenige zu zeigen, was ihrer in der Zukunft warte und worauf sie sich allein vorzubereiten hätten, man muß ihnen nicht mehr sagen, daß sie nur dazu auf der Welt wären, einem Mann zu gefallen und ihn zu fesseln, Hausfrauen und Mütter zu werden, sondern man muß ihnen zeigen, daß auch sie sich Selbstständigkeit und einen nützlichen Wirkungskreis erringen können, daß auch sie nicht nöthig haben, über ein verlornes Leben zu klagen, wenn ihnen das Glück der Ehe nicht zu Theil wird.

Denn zu den schönen Lichtbildern von vorhin giebt das Leben selbst oft nur zu traurige Nachtstücke!

Wie viele von den schöngeschmückten Bräuten, die beneidet und gefeiert zum Altar gehen, lächeln nur darum, weil sie besorgen,

daß, wenn sie einmal einer Thräne freien Lauf ließen, würden zu
viele folgen und der Schmerz sie überwältigen! Hunderte von Mäd=
chen thun ja diesen Schritt zum Altar nur deshalb, weil man
ihnen stets vorgeredet hat, daß es ihre Bestimmung sei, zu hei=
rathen, und da der Bewerber ein Ehrenmann ist oder doch wenig=
stens dafür gilt, so giebt ihm das Mädchen ihre Hand, wenn auch
das Herz widerstrebt: — denn es könnte ja sein, es käme kein zwei=
ter Bewerber wieder, und wenn sie dann „sitzen bliebe," wie der lan=
desübliche Ausdruck lautet, das wäre ja eine Schmach, noch mehr!
es wäre ja ein verfehltes Leben.

Andere wieder thun den Schritt zum Altar eben gedanken=
los, nur weil es einmal so der Lauf der Welt ist. Gerade so, wie
sie auf den ersten Ball gingen, so gehen sie in die Ehe. Es ist ja,
nachdem einige Jahre einer harmlosen Mädchenzeit glücklich vertändelt
und vertanzt sind, nachgerade auch langweilig, sich nur mit Ball=
toiletten zu beschäftigen! Diese und Jene der Jugendgespielinnen hat
schon einen Bräutigam, einen Mann, jene reizenden Bilder des
Brautstandes, der Hochzeit, des ersten Eheglückes haben sich in der
Nähe betrachten lassen — und nun freut sich das Mädchen, sobald
ein Bewerber kommt, der ihr das Gleiche bietet. Wie schmeichelt es
doch der Eitelkeit, als Braut betrachtet und begrüßt zu werden, wie
viel interessanter ist es doch, den Brautstaat, als den Ballstaat zu
besorgen, sich mit der Ausstattung eines neuen Hauswesens zu be=
schäftigen! Auch dies ist das Motiv unzähliger Heirathen — und die
Mädchen, die so denken, gelten noch nicht einmal als leichtsinnig —
ein solches Beginnen oberflächlicher Geschöpfe wird nur naiv gefun=
den — ja man gönnt ihnen dies kurze Vergnügen gern, weil man
weiß: der Ernst des Lebens wird doch noch zeitig genug an sie her=
antreten! Man nennt ein solches leichtfertiges Tändeln mit den
heiligsten Empfindungen und dem wichtigsten Lebensschritte „den Mai
des Lebens genießen" und weckt die Trunkenen nicht auf aus ihrem
süßen Wahn — möge dann erst ein schreckliches Erwachen folgen,
wenn es vielleicht zu spät ist.

Aber eine noch größere Zahl von Ehen wird nur geschlossen,
weil die Eltern des Mädchens froh sind, ihre Tochter „versorgt" zu

sehen oder sie überhaupt „los" zu werden. Wie viele Eltern sind denn im Stande, mehrere großgewordene Töchter „standesgemäß" d. h. im süßen Nichtsthun oder doch in einer nichts einbringenden Geschäftigkeit und mit dem immer mehr sich steigernden Luxus gleichmäßig wachsenden Toilettenbedürfnissen zu erhalten? Darum wird es für wünschenswerth und nothwendig befunden, daß ihnen so bald wie möglich ein Mann diese Sorge abnimmt. Das Mädchen selbst fühlt sich überflüssig im Hause geworden, es fühlt, daß es den Ihrigen eine Last ist; ja noch mehr, es denkt mit Angst daran: was die Mutter beginnen wird, wenn der Vater, der Versorger stirbt, was dann aus der ganzen Familie werden soll? Und rathlos einem solchen Verhängniß gegenüber, nimmt sie die dargebotene Hand eines Mannes an, der ihr vielleicht gleichgiltig, vielleicht widerwärtig ist, der aber ihr selbst, vielleicht auch den Ihrigen, wenn die Tage der Noth kommen, eine Stütze sein wird! So bringt sie mit Bewußtsein sich selbst und ihr ganzes Leben als eine gehorsame und zärtliche Tochter den Wünschen der Ihrigen und den Verhältnissen zum Opfer. Und auch oft genug thut selbst das allein stehende Mädchen, das vielleicht eine unglückliche Liebe im Herzen trägt, dasselbe, hält es für Pflicht, für Bestimmung, die Hand anzunehmen, die sich ihr reichen will und schließt eine sogenannte Vernunftheirath ebenfalls nur, um versorgt zu sein, um sich vor Mangel zu schützen, oder auch um einen Lebenszweck zu haben.

Ja, als sich Opfernde und Geopferte schreiten alle diese durch Erziehung und falsche Lebensanschauungen Verblendeten, in falsche Lebensstellungen Gedrängten zum Altar — als Thörinnen, Lügnerinnen und Heuchlerinnen sprechen sie das Jawort der Trauung wie der Verlobung — denken wohl Wunder noch damit eine gute, vernünftige, ja eine heroische That zu vollbringen, daß sie etwas thun wider die Stimme ihres Herzens, wider den Gott in ihrer Brust und wider alle Sittlichkeit; daß sie im Stande sind, solche Verstellung zu üben, so über sich und den Zustand ihres eignen Herzens selbst den Mann zu täuschen, der dieses Herz verlangt.

Wahrlich, man muß in diesem Falle viel mehr als die Mädchen die Männer bedauern, mit denen solches Spiel voll Lüge und kaltberechnender Unnatur getrieben wird; wo jene sich selbst zu opfern meinen, da werden diese auch geopfert. Ein Verbrechen, das man nicht allein an sich selbst, sondern an einem andern Wesen mit begeht, ist ja ein doppelt und dreifach schweres.

Und was sind die Folgen solcher Opferungen? Gleicht die Braut, die ohne Liebe zum Altar tritt, nicht jenen unglücklichen Geschöpfen, die in einer barbarischen Zeit zur Folter geführt wurden? Sie schaudert vor dem, was sie erwartet, und kann doch nicht entrinnen — sie hat abgeschlossen mit den Freuden und Hoffnungen ihrer Jugend, das Leben hat ihr keine süßen Träume und rosenfarbnen Bilder mehr zu bieten — sie weiß es: sie hat nur noch Pflichten zu erfüllen, Pflichten, die um so schwerer sind, weil das Herz keinen Antheil daran nimmt, weil es sich dagegen sträubt. Besitzt sie jene edle Resignation, die sich sagt: sie begehre auch kein Glück für sich, aber im eitlen Hochmuth es dennoch unternehmen will den Andern zu beglücken: so wird dieser immerhin noch Achtung verdienende, wenn auch trügerische, Schluß die Täuschung des Gatten wenigstens verlängern, ja wenn er einer jener Männer ist, die keine innigen Gefühle, sondern, weil sie selbst die eignen entweder schon abgenutzt oder nie zu höheren Graden erwärmt haben, und wenn nicht die Begegnung eines andern Mannes die liebeleere Frau empfinden läßt, was sie für immer verloren: so kann eine solche Ehe sich im Laufe der Zeit vielleicht noch zu einer Existenz voll Frieden und Heiterkeit gestalten, wenn Eltern=Glück und Liebe zu theuern Kindern den Bund befestigen. Aber ganz und voll ein anderes Wesen beglücken kann doch nur, wer dabei selbst inneres Glück empfindet. Welche Freude aber kann eine Frau empfinden an allen Dingen, welche ihr das neue Verhältniß bietet, sobald ihr dies selbst nur Widerwillen einflößt? Wie kann sie sich fröhlich fügen in die Eigenthümlichkeiten eines Mannes, den sie nicht liebt? wie kann sie für ihn arbeiten, auf ihn warten, sich nach ihm richten mit heiterm Muthe, wenn er ihr nichts ist als ein aufgedrungner Gefährte? Sie wird bald in Allem, was sie um seinetwillen thut, nur eine lästige Pflicht finden, wird in gewohnter Steigerung in dieser Pflichterfüllung ein Opfer erblicken und — absichtlich oder nicht — dies auch durchblicken lassen, und durch die eigne Verbitterung natürlich auch die des Mannes hervorrufen — und die unglückliche Ehe ist bald vollendet. Der Mann, der im Hause nicht mehr findet was er wünscht, sucht es außer dem Hause, sucht sich vielleicht zu zerstreuen durch Trunk und Spiel und leichtfertige Gesellschaft, vernachlässigt darüber sein Geschäft, sein Amt, wie die Frau ihn selbst und ihre Wirthschaft vernachlässigt — und der Untergang des Wohlstandes zieht jeden andern nach sich. Dieselbe Frau, die dadurch, daß sie diesen ungeliebten Mann heirathete, ihren eignen Eltern und Geschwistern eine Stütze verschaffen wollte, sieht sich vielleicht selbst noch in der Lage, bei eben diesen Eltern für sich und ihre Kinder wieder eine Zuflucht zu suchen.

Aber selbst, — es kommt nicht bis zu diesem Ende — muß sich nicht jede Frau, die sich dem ungeliebten Manne zur Ehe hingiebt um äußerer Vortheile willen, wie eine verkaufte Dirne erscheinen? Aller Reichthum, alles Schöne und Bequeme, das sie in ihrer neuen Wohnung umgiebt, und um das sie die Freundinnen beneiden — wird es ihr nicht immer zurufen, um welchen Preis es erworben und wird sie jemals dieser Güter froh werden können? Oder wenn es so wäre, daß sie in diesen glänzenden Aeußerlichkeiten den größten Reiz des Lebens, ihres eignen leeren Lebens und einen Ersatz dafür finden könnte: würde nicht eben dadurch ihr ganzes Innere selbst leer werden und sie daran doch geistig, wenn nicht physisch und moralisch zu Grunde gehen?

Und wo in einem Hause der Segen der Liebe fehlt, da kann auch die Familie nicht gedeihen. Wo Vater und Mutter uneins sind, da werden es die Kinder auch sein. Wie ein unreiner Mehlthau auf zarte Blüthen fällt jedes Wort, das der Zwietracht der Eltern entschlüpft, in die bildsamen Kinderherzen. Eltern, die nicht glücklich mit einander lebten, deren Haus keine Stätte des Friedens und der Freude war, werden nie jenen Familiensegen erleben, wie wir ihn oben schilderten.

Eine glückliche Ehe ist der Himmel auf Erden, aber eine unglückliche ist eben so gewiß die Hölle selbst.

Man sollte darum alles daran setzen die Zahl der letztern zu vermindern, die Ursachen so viel wie möglich hinwegzuräumen, welche sie hervorrufen.

Und dazu ist wesentlich zweierlei nöthig. Erstens, man erziehe die Mädchen so, daß sie noch ein anderes Interesse am Leben haben, als das der Liebe und zweitens, man gebe ihnen Gelegenheit, auf eignen Füßen zu stehen, sich selbst zu erhalten. Bei der Mädchen-Erziehung, namentlich in den höheren Ständen, ist man zwar nun endlich so weit gekommen, daß nicht mehr wie früher, aller Unterricht mit der Confirmation abgeschnitten ist, aber er nimmt doch noch allzuoft eine Richtung, der meist jeder ernste Hintergrund fehlt. Kommen auch zu den sonst nur üblichen Studien von Sprachen, Musik und Malerei, jetzt noch andere, die einen mehr wissenschaftlichen Charakter haben, so werden alle diese Dinge doch viel mehr um der Gesellschaft, höchstens auch zur eignen Unterhaltung, nicht aber um der eignen Ausbildung, noch weniger eines Berufes willen, getrieben. Bei den Meisten wird das Gemüths- und Phantasieleben, ohnedies schon das vorherrschende Element im weiblichen Innern — durch, nur die Phantasie beschäftigende Lektüre auf Kosten jedes andern Seelenvermögens, jeder geistigen Kraft, ausgebildet. Da treten nun die jungen Mädchen mit ihrem Traumleben in die Welt — erst in der Hoffnung sich zu „amüsiren," aber sie fühlen bald, daß sie sich nicht amüsiren, wenn sie unbemerkt bleiben, sie müssen also versuchen, sich bemerkbar zu machen, und, wenn ihnen auch dies gelungen, zu glänzen. Ein Weilchen genügen diese Triumphe, bald aber fühlt sich die weiche, schwärmende, noch unverdorbene Mädchenseele nicht mehr, weder durch das Spiel, noch durch den Sieg der Eitelkeit, befriedigt — sie will mehr, will Anderes. Sie weiß nicht, was sie will, bis das Wort Liebe gesprochen und das Räthsel ihres ahnungsvollen, unbefriedigten Traumlebens gelöst ist durch die Zaubergewalt des ersten Kusses. Nun weiß die Jungfrau, warum sie lebt, nun ist all' ihre Sehnsucht, nun sind all' ihre Träume von Poesie und Glück und Seligkeit erfüllt, übertroffen, nun ist ihr ganzes Leben — Liebe. Liebe, die Alles hofft und Alles glaubt und darum auch meint, so müsse es nun immer sein und bleiben, das ganze Leben ein goldener Maientag der Liebe. Aber hat denn der blühende Lenz eine ewige Dauer? Mitten im Liebesfrühlinge glaubt man nicht, daß der Mai trotz seiner einunddreißig Tage noch schneller vergeht als jeder andere Zeitabschnitt, daß die Rosen auch verblühen und die Nachtigallen auch aufhören zu schlagen. Auch der Mann glaubt es nicht, wenn er die Geliebte zum ersten Mal in seinen Armen hält — doch er hat noch **eine Hand frei**, an der ihn mächtig gefesselt hält: das Leben. Das Mädchen aber klammert sich mit **beiden** Händen an den geliebten Mann, sie **weiß nichts** vom Leben, soll nichts, will nichts von ihm wissen — **ihr Leben ist ihre Liebe**. Und trennt das Schicksal die vereinigten Herzen — was soll die Jungfrau im Leben, das sie nur durch die Liebe verstand, das weiter kein Interesse für sie hat, dessen einziger Beruf und Endzweck die Liebe war? Was hat sie noch im Leben zu thun, wenn Untreue oder Verhältnisse, oder Enttäuschung oder Tod ihre Liebe, die ihr Leben war, für ihr äußeres Leben zerstört haben? — Oder wird sie die Gattin des Geliebten und der Ernst des Lebens tritt an sie heran und der Mai geht vorüber und die Rose verblüht und die Nachtigall singt nicht mehr und die Frau hat nur noch den Schatten von dem, was sie einst Liebe nannte — wird sie nicht, auch wenn die Welt sie glücklich nennt, leise seufzen, zurückdenkend an jene entschwundene Zeit?

So lange man die Frauen nur für die Liebe und Ehe, nur für die Männer erzieht, so lange man die Interessen des **Herzens** selbst als die einzigen proklamirt, welche dem weiblichen Wesen entsprechen, so lange ist es auch gerechtfertigt, wenn sie in überschwenglichen Empfindungen und unerfüllbaren Forderungen nur diese eine Seite des Menschenlebens im Auge haben. Dürfen sie doch nichts im Leben thun als lieben, oder vielmehr warten bis sie geliebt werden; lesen sie doch oft nichts Andres, als von Liebe; knüpft sie **doch kein anderes Interesse an das Leben, als das der Liebe**.

In den kleineren bürgerlichen Verhältnissen lernen die Frauen allerdings ruhiger der überspannten, träumerischen Liebe entsagen. Man findet hier weniger Unzufriedenheit und Unbefriedigtheit als in den höheren Ständen, wenigstens in der Ehe selbst, weil jene nicht

Zeit haben, über Nebenzustände zu grübeln und sorgfältig, ja quäle=
risch, das eigne Herz zu befragen. Das Hauswesen, die mühevollste
Pflege und Sorge für die Kinder fällt in den mittleren Ständen
fast ganz der Gattin zu, und sie fühlt unter diesen tausend kleinen
Dingen, die doch alle beachtet sein wollen und ihr Leben oft zu
einer ununterbrochenen Kette liebevoller Aufopferungen machen, wohl
auch ihr Ideal zuweilen schwinden — aber sie weiß, für was sie
lebt, sie hat einen Wirkungskreis, dessen nothwendiger Mittelpunkt sie
ist, und das giebt einem Frauenherzen immer Kraft und Befriedigung,
den Lohn für alle Mühen und Anstrengungen. Aber in den durch
Rang oder Reichthum bevorzugteren Ständen, wo das ganze Geschäft
der Gattin nur darin besteht, kurze Befehle an die Dienerschaft zu
geben, im Salon mit Grazie und Feinheit die Herrin zu repräsen=
tiren, und im Uebrigen darüber nachzudenken, wie der Tag am be=
sten sich hinbringen lasse, — was füllt hier die Seele einer Frau
aus, welche nichts gelernt hat, als lieben, nichts begehrenswerth fin=
det, als geliebt zu werden, welche es nur der Mühe werth hält zu
leben, wenn sie nicht nur geliebt, sondern angebetet wird?

Wohl giebt es eine Liebe und ein Liebesglück, die ein ganzes
Leben zu dauern vermögen, wohl giebt es glückliche Ehen, in denen
beide Theile durch einander beseligt und mit einander verwachsen,
selbst auf den gepriesenen Liebesfrühling ihres Brautstandes zurück=
blicken, nicht wie auf etwas Verlornes, sondern nur wie auf das ver=
schwimmende Morgengrauen eines schönen Erdentages, an dem sie im
Sonnenscheine dauernder Liebe den Sonnenaufgang segnen, der
ihnen Alles gehalten, was er versprach — aber eben dies schönste
Eheleben ist kein müßiges Träumen, noch kleinliches Tändeln, es ist
die Harmonie zweier Seelen, die nicht allein **für** einander, sondern
vielmehr noch **mit** und **ineinander** für die höchsten Zwecke des
Daseins leben: die gegenseitige Veredelung, ein getreues Wirken in
ihrem Berufe, ein segensreiches in dem Kreise, der ihnen erreichbar.
Ein solches Glück kann der Mann nur erringen, wenn er im Weibe
mehr zu würdigen weiß, als was seine sinnlichen Wünsche befriedigt
und das Weib nur, wenn es befähigt ist den Beruf des Mannes
zu achten, und seine größeren, allgemeinen Interessen zu theilen.

Um dieses Glück erringen zu können, noch mehr um Zufrie=
denheit in einer minder glücklichen, Trost selbst in einer unglücklichen
Ehe zu finden, am meisten aber, um auch den alleinstehenden Jung=
frauen Befriedigung im Leben zu gewähren, muß ihr Streben, ihr
Dichten und Trachten noch andere Ziele erhalten, als allein das oft
nie erreichbare der Liebe und Ehe. Nicht dafür ist die Gesellschaft
anzuklagen — wie es so oft von jenen liebegetäuschten Frauen ge=
schieht — daß sie ihre thörichten Träume von Liebe nicht erfüllt,
nicht darum haben sie ein Recht, mit dem Geschick zu zürnen, weil
die Rosen der Liebe nicht immer für sie blühen und sinnberauschend
duften können, sondern nur diejenigen sind zur Verantwortung zu
ziehen, welche die Liebe zum e i n z i g e n Interesse des Weibes machen.
Mag immerhin das Weib in dem Verlust ihres Geliebten oder Gat=
ten den Verlust ihres G l ü c k e s beklagen — aber sie muß die Kraft
und Fähigkeit haben, an einen andern Lebenszweck sich hinzugeben.
Wäre es nicht so, verweigerte man ihr diese Möglichkeit, verschließt
man ihr jeden andern Beruf: dann allerdings wäre der Brauch der
alten Inder, die Wittwe über dem Grab des Gemahls zu verbren=
nen, eine weise Maßregel gewesen, deren Abschaffung sehr zu be=
dauern, dann müßte man es billigen, wenn jede verlassene Braut
zur Selbstmörderin würde.

Hinweg mit diesen schauerlichen Bildern, welche doch nichts
sind, als die Consequenzen verkehrter Lebensanschauungen und Ge=
wohnheiten!

Aber wir wollten allerdings fragen, was das Loos all' der
Mädchen ist, die nun doch trotz des Wunsches — vielleicht um jeden
Preis — in die Ehe zu treten, dies Ziel n i c h t erreichen, um nicht
einmal erst die zu erwähnen, denen man nur um jenes Vorurtheils
willen aus ihrem Ledigbleiben einen Vorwurf machen könnte? Was
das Loos der Wittwen, denen der Gatte, ihr Versorger und der Ver=
sorger ihrer Kinder stirbt, ohne daß er für sie, auch über sein Grab
hinaus hat sorgen können? Nicht nur, daß die Kinderlose dann wie=
der ohne „Beruf" im Leben steht — die Lage der Bekinderten ist
oft ungleich verzweiflungsvoller.

Wir haben hier hauptsächlich die Verhältnisse des Mittelstan=

des im Auge, denn in den sogenannten unteren Ständen, dem Proletariat, ist es als unumgänglich angenommen, daß die Frau eben so arbeite, wie der Mann; wenn sie auch weniger verdient als er, muß sie doch zur Erhaltung der Familie mit beitragen, wie sie schon von Jugend auf gelernt hat, sich selbst zu erhalten. Man klagt gerade in den gebildeten Ständen über Verminderung der Ehen, und von beiden Seiten darüber, daß bei den gegenwärtig gesteigerten Ansprüchen es kaum möglich sei, eine Frau ohne Vermögen zu heirathen. Wollte man sagen, ohne Vermögen, selbst etwas zu leisten und zu verdienen, so hätte die Sache eher einen Sinn. Denn das Capital muß schon ziemlich groß sein, das so viel Interessen abwirft, um zu der neuen Wirthschaft einen ansehnlichen Zuschuß zu gewähren, besonders wenn man bedenkt, daß ein vermögendes Mädchen gewöhnlich auch mit Ansprüchen erzogen ist, die noch über dies Vermögen gehen. Außerdem aber ist dasselbe auch unter hundert Fällen neunzigmal gewöhnlich in kurzer Zeit sehr geschmolzen wo nicht gar spurlos verschwunden. Der Mann bezahlt seine Schulden davon und im Bewußtsein einen Rückenhalt zu haben, wird es auch nicht so genau genommen, neue zu machen oder mehr zu verbrauchen als das Einkommen erlaubt, oder man trachtet es durch Actien und andere Speculationen zu vermehren, die oft verunglücken; — kurz, wenn der Mann stirbt, sieht sich diese Wittwe plötzlich oft eben so arm, wie diejenige, welche nie Vermögen besaß und hilfloser wie sie. Ist es denn dann nicht vortheilhafter, eine Frau zu heirathen, die in ihrer Arbeitskraft ein Vermögen besitzt, das sie bereit ist, dem Manne zu widmen? bereit, die Last, eine Familie zu ernähren, nicht ihm allein aufzubürden, sondern mit ihm vereint auch dafür zu wirken? Ein solches Wirken ist allerdings auch die Führung einer großen Wirthschaft (z. B. wenn der Mann ein großes Geschäft hat, dessen Leute mit beköstigt werden, was aber heutzutage immer seltener vorkommt als früher, oder Pensionaire u. s. w.) und die Pflege der Kinder, und dadurch erhält die Frau, erspart für den Mann, ohne speciell mit zu verdienen — aber dies sind eben auch schon Ausnahmen von der Regel, während bei Schließung der meisten Ehen die Frau entweder eine müssige oder ganz untergeordnete Rolle übernimmt, das Letztere, wenn sie das Dienstmädchen selbst abgiebt, das Erstere, wenn sie ein solches hält, denn dann hat sie, wenn nicht den ganzen, doch den halben Tag Zeit sich anderweit nützlich zu beschäftigen. Man sage nicht, daß eine Frau, wenn sie z. B. durch Stundengeben oder eine andre Arbeit, die etwas einbringt, mit erwerben hilft, darüber ihren Gatten vernachlässigt — freilich wird es nöthig sein, daß dann auch er nicht willkürlich über ihre Zeit verfügt, so wenig sie dies über die seine thut, aber er wird dann auch keine Klage über Langeweile von ihr hören, noch über Vernachlässigung und tausend andere Dinge, auf welche jeder Mensch verfällt, dessen Tagesstunden nicht von einer nützlichen Thätigkeit ausgefüllt sind. Tausend Veranlassungen, einander durch Kleinlichkeiten das Leben zu erschweren, fallen weg, wenn auch die Frau eine selbsterworbene Einnahme hat und über dieselbe frei verfügen kann. Damit fällt jener Standpunkt, der die Frau nur zur ersten Dienerin des Mannes macht, deren Bedürfnisse er oft nicht einmal gleich denen einer Haushälterin befriedigt, die sie von ihrem Verdienst bestreitet, sondern die jede Kleinigkeit erst von ihm erbitten muß. Dies wäre ein andrer wesentlicher Schritt, die weibliche Würde aufrecht zu erhalten, die bisher mehr in den Gedichten als in der Lebensweise der Deutschen ihre Berücksichtigung fand. — Die Ehen werden zahlreicher und glücklicher werden, wenn die Frauen zur ökonomischen Selbstständigkeit gelangen.

Denn wie viele gerade der besseren Männer werden nicht durch die quälende Sorge: was wird aus Weib und Töchtern nach deinem Tode? zu übermäßigen Arbeiten, gewagten Speculationen, zur Aufreibung aller ihrer Kräfte und einem dadurch beschleunigten Ende getrieben? Haben sie aber eine Gattin, die schon vor ihrer Verheirathung sich selbst zu erhalten verstand, die auch in der Ehe sich mit mehr beschäftigte, als mit Kochen und Putzen, so wird diese Sorge sehr wesentlich verringert — und schon allein oft dadurch die Kraft und Gesundheit des Mannes länger erhalten. Oder wenn diese doch wankt — welch' ein Trost dann, wenn die Gattin ihm noch anders beizustehen weiß, als mit ihrer liebenden Pflege. Wenn sie selbst thätig und hilfreich eingreifen kann, statt nur zu klagen. Und wenn er stirbt und sie mit ihm den besten Theil ihres Lebens verliert, so bleibt ihm doch auf dem Sterbebette noch der Trost, daß sie und seine Kinder nicht an das Mitleid Fremder gewiesen sind, sondern daß die Gattin sich selbst durchs Leben schlagen kann, daß die Töchter für sich selbst sorgen können, gleich den Söhnen.

Wenn in einer Familie der Vater stirbt, so kommt zu dem Schmerz um den persönlichen Verlust fast stets der wenn nicht tiefere, doch quälendere hinzu: wovon nun leben? Auch da, wo ein wenig Vermögen vorhanden, bleibt höchstens der Trost, es bei der Erziehung, dem Studium der Kinder zusetzen zu können, wobei man gewöhnlich nur Alles an die Söhne wendet; aber um durch die Interessen die ganze Existenz bestreiten zu können, müßte das Kapital schon sehr bedeutend sein. Für die Wittwen der Staatsbeamten existiren Pensionen, aber sie sind meist so gering, daß sie kaum ausreichen, davon eine Wohnung zu bezahlen, geschweige denn noch andere Lebensbedürfnisse, zumal in dieser Zeit der Theuerung oder richtiger der Geldentwerthung, in der, merkwürdig genug, alle Lebensmittel im Preise gestiegen, die Wittwenpensionen aber keineswegs erhöht worden sind. Aber selbst auf diese Weise pensionirt ist doch nur ein kleiner Theil der Wittwen. Man hat darum Pensionscassen je nach den verschiednen Berufszweigen und den daraus hervorgegangenen Vereinen eingeführt, man hat Lebensversicherungs- und Altersversorgungscassen u. s. w. gegründet und gewiß ist es jedem Mann, der eine Familie gründet, dringend zu empfehlen, dieselben zu benutzen; aber es liegt weder in ihnen eine allein ausreichende Unterstützung für verlassene Wittwen und Waisen, noch würden wir, selbst wenn dies der Fall wäre, darin das Richtige finden. Freilich ist es ein scheinbares Glück für jede Wittwe, wenn sie zu den Reichen oder doch Bemittelten gehört, sich also um ihre Existenz keine Sorge zu machen braucht; aber ein wirkliches Glück ist es nur dann, wenn sie Kinder hat, und sich in den Stand gesetzt sieht, ganz für diese zu leben — ist sie aber kinderlos oder sind dieselben schon ihrer speciellen Fürsorge entrückt — dann befindet sie sich wieder in der Oede der Berufslosigkeit, der Unthätigkeit und Abgeschlossenheit, an denen so viele Frauen zu Grunde gehen. Denn hat auch sie wieder mit dem Gatten ihr Alles verloren und beweint in ihm nicht nur den persönlichen Verlust, sondern hört nicht auf zu jammern und Andern durch das Hervorheben ihres Unglücks sich lästig zu machen. Dies sind die gefühlvollen und treuen Wittwen — die leichtsinnigeren aber, die nun auch nicht wissen, was sie mit der Berufslosigkeit einer plötzlich geschenkten Freiheit anfangen sollen, taumeln entweder von einem oberflächlichen Vergnügen zum andern, nur um sich zu zerstreuen, zu beschäftigen, und verfallen in Bizarrerieen oder Launen, die sie ihrer Umgebung eben so unbequem machen, als ewiges Klagen und Zurückblicken. Das alte gute Sprichwort: „Müßiggang ist aller Laster Anfang," gilt für jedes Alter und für jedes Geschlecht, wenn es sich aber so oft auch bei dem weiblichen bewährt, muß man es beklagen, daß hier der Müßiggang nicht gerade freie Wahl, sondern daß er von den Verhältnissen oft octroirt ist. Wo die Veranlassung zu einer geordneten Thätigkeit, die Nothwendigkeit zu derselben fehlt, da muß entweder der Trieb zur Arbeit oder die Festigkeit der Grundsätze sehr vorherrschend sein, um nicht wenigstens in jene Art des Müßigganges zu verfallen, der nur eine ungeordnete und unproductive Geschäftigkeit ist, ein planlos angewendetes Schutzmittel gegen die Langeweile.

Diese Gefahren freilich verschwinden, wo die Wittwe aus bisher angenehmen, vielleicht sogar äußerlich glänzenden Verhältnissen, wie sie das Amt des Mannes mit sich brachte, sich plötzlich herausgestoßen, auf sich selbst angewiesen und in Armuth versetzt findet. Die Wittwen der Kaufleute, Gewerbtreibenden, Fabrikanten sind wieder glückliche Ausnahmen, da sie das Geschäft ihres Mannes, wenn er es nur sonst in blühendem Zustand zurückließ, übernehmen können. Aber in allen andern Verhältnissen steht die Frau meist hilf= und rathlos da, nicht wissend, was sie beginnen soll, um sich selbst zu erhalten. Sie sieht nur wenig Wege dazu sich offen stehen — hat sie ein wenig Vermögen, eine kleine Pension, so zieht sie es meist vor in Unthätigkeit eine kümmerliche Existenz fortzufristen, und dabei doch über alle Entbehrungen und die veränderte Lebensstellung zu klagen, statt Alles daran zu setzen, um aus eigner Kraft sich selbst in den gewohnten Verhältnissen zu erhalten.

L. Otto, das Recht der Frauen. 2

Nun kommt noch zu dem schmerzlichen Gefühl der Wittwen=
schaft die niederdrückende Erfahrung: nun gar nichts mehr zu gelten
in der Welt, von Niemand mehr beachtet zu werden, die immer neu
sich aufdrängende bittere Bemerkung, daß es nur der Nimbus des
Mannes und seiner Stellung war, was ihr selbst Ansehen und Ach=
tung verschaffte, daß dies Alles nun eine ganz andre Gestalt an=
nimmt, seit sie allein in der Welt steht — so fühlt sie nicht allein
die häusliche traurige Vereinsamung, die der verwittwete Mann ja
auch empfindet — weil man sie jetzt empfinden läßt, welch' eine
Null sie ist; so fühlt sie, daß sie stets und auch da eine solche war,
wo sie an der Seite des Mannes an ihre eigne Bedeutung glauben
konnte.

Und doch ist dies peinliche Loos einer Wittwe noch nicht mit
dem zu vergleichen, das dem ledigbleibenden Mädchen, der als „alte
Jungfer" Verspotteten, zu Theil wird. Das Vorurtheil von dem
„verfehlten weiblichen Beruf" wirft beinahe etwas wie einen Makel
auf sie. Ueberall in der Gesellschaft giebt man ihr zu verstehen,
daß sie hinter den Frauen, auch wenn diese noch so jung und bor=
nirt sind, zurückzustehen habe. Auch den ärmsten Wittwen pflegt
man mit noch mehr Achtung und Aufmerksamkeit zu begegnen und
gönnt ihnen eine freiere Stellung, als den alten Mädchen. Nur
Einzelnen gelingt es, entweder durch Reichthum oder durch einen
mit Glück ergriffenen Beruf, als Vorsteherin eines Pensionats oder
in irgend einer Kunstsphäre, das Vorurtheil und Herkommen so weit
zu überwinden, daß man sie als Ausnahmen tolerirt, ihrer errun=
genen Selbstständigkeit nicht mehr zu nahe tritt. Wehe aber denen,
welchen es nicht einmal vergönnt ist, nach einer solchen Stellung,
nach einem solchen Beruf zu streben! Die Unglücklichen, die, weil sie
keinen andern Lebensweg vor sich sahen, im Hause eines Bruders
oder einer Schwester das Gnadenbrod essen und dem Asyle doch ihre
ganze Thätigkeit widmen, ohne daß sie mit Dank und Liebe vergolten
wird, die, selbst auf eigne Familienfreuden verzichtend, nur alle Fa=
milienleiden kennen lernen, wenn sie Wöchnerinnen pflegen, Kinder
warten, im Hause ein Dienstmädchen ersparen und für dies Alles
doch als überflüssig betrachtet und später als altgewordene Tanten

nur noch wie jeder andere alte Hausrath geduldet werden, — diese Unglücklichen sind mehr als die Wittwen zu beklagen, die ein Glück und einen Beruf verloren, das sie beides ja niemals besessen.

Nun denn, das Glück läßt sich nicht erzwingen und nicht bannen und es hilft nicht einmal ihm nachzujagen — ein Beruf aber sollte Allen erreichbar sein — und weil er es Tausenden von Mädchen nicht ist, muß Alles daran gesetzt werden, diese verkehrten Zustände umzugestalten.

II.
Die Unzulänglichkeit der gegenwärtigen weiblichen Erwerbszweige.

Unter den Proletariern muß Jeder arbeiten, der nicht verhungern will. Es heißt zwar immer und überall: der Mann ist der Ernährer der Familie, der Erwerber, die Frau hat nur zu erhalten; — aber wo, wie in den untersten Ständen, der Mann oft kaum genug verdienen kann das eigne Leben zu fristen, da muß die Frau auch für das ihrige selbst sorgen und die Kinder, Knaben und Mädchen, auch wieder, wenn sie groß genug sind um etwas verdienen zu können. Die Frauen, welche für den Tagelohn die gröbsten Arbeiten verrichten, bekommen einen geringeren Tagelohn als die Männer, welche ebenfalls auf Tagelohn arbeiten. Man erklärt dies für angemessen, weil in vielen Fällen die naturgemäß geringeren Kräfte der Frauen auch nur zu geringeren Leistungen ausreichen und da der männliche Körper ein größeres Quantum von Nahrungsmitteln erfordern mag als der weibliche. Aber man kann gerade nicht behaupten, daß: Holzspalten, Wassertragen und Scheuern, Waschen und Kehren, ja das schon in ein höheres Fach gehörende Plätten, leichte Arbeiten wären, sie sind bekanntlich sämmtlich sehr anstrengend — aber die Redensart vom „zarten Geschlecht" wendet man solchen Frauen gegenüber nicht an — man besinnt sich nur noch darauf, wenn man die Frauen von irgend einem Handwerk zurückschrecken oder die Unmöglichkeit darthun will, daß sie etwas, was Kraft und Ausdauer erfordert, üben könnten. Aber diese Frauen, welche die schwersten Arbeiten verrichten, sind noch lange nicht die beklagenswerthesten. Gegenwärtig sind sogar ihre Löhne ziemlich gestiegen, in den meisten Fällen bekommen sie gut zu essen und ihre Arbeiten sind zwar anstrengend, aber, wenn sie nicht ein gewisses Maß überschreiten, nicht gerade ungesund; das Tagelohn reicht in der Regel für den nothdürftigsten Lebensunterhalt aus. Diejenigen aber, welche nicht gelernt haben sich diesen gröbsten Arbeiten zu unterziehen oder deren Kräfte dazu nicht ausreichen, oder die durch ihre Kinder oder hilfsbedürftigen Eltern an's Haus gefesselt sind, sich auch nicht vermiethen können, müssen solche Arbeiten verrichten, die als speciell weibliche überall verzeichnet werden: Stricken, Nähen, Sticken. — Welche Concurrenz hierin, welches Angebot der Arbeitskräfte in Bezug auf ihren Verbrauch und dafür welch' geringer Lohn!

Eine Strickerin bekommt für ein Paar Strümpfe zu stricken in der Regel 5 Neugroschen oder 17 Kreuzer Rheinisch — zwei bis drei Tage muß sie darüber stricken, wenn sie nicht nebenbei etwas Anderes thut. Da es die leichteste Arbeit ist, fällt sie meist den Kindern und alten Frauen zu, welche zu anderen Arbeiten unfähig sind. In dieser Leichtigkeit, in diesem Nebenher liegt die stete Aufnahme dieses Arbeitszweiges, trotz den immer mehr sich vervollkommnenden Strumpfwirkerstühlen, trotz der Erfindung und endlichen Benutzung der Nähmaschinen. Aber welche Concurrenz noch außer der hierher gehörenden Strumpfwirkerei! Wer anhaltend strickt, kann etwa 15—18 Pfennige oder 8 Kreuzer Rheinisch verdienen — aber wer hat so viele Kunden? Da das Stricken eine leichte Nebenbeschäftigung ist, die bei jeder Art der Unterhaltung, ja selbst beim Lesen und Spazierengehen vorgenommen werden kann, so giebt es Hunderte, die nur stricken, um nicht müßig zu gehen, und dann auch ihre Arbeit verkaufen. Es ist auch Denen, welche es nicht zur höchsten Noth brauchen, nicht zu verargen, wenn sie sich einen kleinen Verdienst verschaffen wollen; aber dadurch, daß Viele dessen nicht bedürftig sind und die Bezahlung mehr als Nebensache betrachten, lassen sich diese auch die Arbeit schlechter bezahlen und so drücken die vermögenderen Frauen eigentlich unbewußt und aus lauter Gutmüthigkeit den Verdienst der armen Leute herab, da diejenigen, welche davon leben müssen, nun auch so billig arbeiten sollen wie die, welche es nur zu ihrer Unterhaltung thun. Die armen Strickerinnen schätzen sich daher oft glücklich, wenn sie für die „Strumpfstricker," die damit handeln, stricken können, sie dürfen da doch immer auf Arbeit und den Absatz derselben rechnen, wenn sie gleich dieselbe noch s ch l e ch t e r bezahlt bekommen. Derselbe Grund ist es, welcher die Weißstickerinnen antreibt für die Fabriken, die mit Seide und Wolle Stickenden für größere Handlungen zu arbeiten. Sie werden auch schlechter bezahlt, aber sie haben wenigstens keine Auslagen, da sie das Material, Stoffe wie Zeichnungen geliefert bekommen und, außer wenn eine Handelskrisis eintritt, doch sichere Beschäftigung haben. — Eine solche Stickerin — und gewiß kennt Jedermann die kunstreichen Arbeiten des modischen Weißzeugs — verdient den Tag etwa 2 — 3 Neugroschen, wenn sie von früh bis zum späten Abend arbeitet. Man glaube nicht, in den großen Städten und für Private würden diese Dinge viel besser bezahlt — ich habe gestickte Namenszüge in Taschentüchern gesehen, welche mit 8 — 10 Neugroschen oder $\frac{1}{4}$ Gulden rheinisch (das Garn nimmt die Stickerin noch dazu) bezahlt wurden. Es war nicht möglich ein solches Tuch unter zwei Tagen anhaltender Arbeit zu vollenden. Ist nun die Stickerin im Zeichnen nicht geübt, so muß sie für das Zeichnen erst noch ein Viertel ihres Verdienstes abgeben. Auch die Arbeiterinnen der großen Städte schätzen sich glücklich, wenn sie für eine Handlung arbeiten können — sie haben dann doch immer zu thun — aber wenn sie von früh 6 bis Abends 9 Uhr mit der geringen Unterbrechung der Mittagszeit arbeiten, können sie etwa 5 — 10 Neugroschen verdienen, m e h r g e w i ß n i ch t. Vielleicht nur um die Weihnachtszeit, wo die Arbeit drängt und viele dieser Arbeiterinnen ganze Nächte durchwachen, gewiß aber nie v o r M i t t e r n a ch t die Arbeit wegzulegen wagen. Und welche augenanstrengende Arbeit — die noch dazu zur Hälfte unter Licht gethan werden muß — und die, wenn die Arbeiterin a l l e i n wohnt, kaum ausreicht Kleidung und Nahrung, Holz und

Licht zu verdienen. Es geht eben nur, wenn das Letztere von einer Familie bestritten wird. Dies sind die am besten gestellten Arbeiterinnen. Aber eine gute Nähmaschine kostet noch immer 70 — 80 Thaler und es ist wohl auch bei der Construction derselben nicht anzunehmen, daß der Preis derselben sehr falle und so sind Tausende der armen Näherinnen in der Lage, in welcher die Handspinner den Maschinenspinnern gegenüber einst waren, ja zum Theil noch sind: in der Maschine, die der Menschengeist zur Erlösung der Menschen von geisttödtender Arbeit erfand, erblicken sie ihre Feindin. Die Nähmaschine wird als Feindin der armen Näherinnen betrachtet, sie macht ihnen Concurrenz, denn sie sollen nun auch so billig und so accurat arbeiten, wie es die Maschine thut, und der dann und wann noch gerühmte Vorzug der größern Haltbarkeit der Handarbeit vor der Maschinenarbeit wird nicht sehr gewichtig in die Wagschaale fallen — es ist auch hier derselbe Gang der Dinge zu erwarten, wie bei der Spinnerei: das Vorurtheil wird allmälig überwunden, die Maschinen werden noch verbessert und endlich wird es nur wie eine Sage betrachtet werden, daß man sich allein mit seinen Fingern ohne andere Beihilfe abmühte, ein Kleidungsstück zu fertigen. Und selbst wenn das neue Fabrikat weniger lange hält als das alte: — was thut es? es kostet dafür auch weniger und die daraus gezogenen Consequenzen sind einmal die herrschenden in unsrer industriellen Zeit. Es heißt eben darum mit ihr fortschreiten — was ist es denn für ein Unglück, wenn so und so viel tausend Mädchen durch die Nähmaschinen von ihrem alten Nähtisch vertrieben werden, an dem sie engbrüstig und hektisch werden und Zeit haben zu nichtigen Träumereien oder zum Jammern über ihr Schicksal? Die Hauptsache ist nur eben, daß man, wo ein Arbeitszweig aufhört lohnend zu sein, sich nach einem andern umsieht.

Und wenn ich das Loos der Näherinnen und ihr Festhalten an einem Erwerbszweig beklage, der eben Niemanden mehr ernährt — was soll ich da z. B. von den Klöpplerinnen im sächsischen Erzgebirge sagen? Hier zählt der Verdienst eines Tages oft nur nach Pfennigen! Ich fand einst eine Klöpplerin an einer äußerst mühevollen schwarzseidnen Spitze arbeiten; sie sagte mir, daß es ihre

Augen kaum aushielten, die dünnen dunkeln Seidenfädchen um die blitzenden Nädelchen zu schlingen — Abends sei sie gar nicht im Stande daran zu arbeiten, aber sie schätze sich doch glücklich diese Arbeit zu haben, da die schwarzen Spitzen besser bezahlt würden, denn sie könne den Tag eine halbe Elle arbeiten und so 1½ Neugroschen verdienen, ohne die Abendstunden, wo sie zu einer gröberen Arbeit greife! Der Arbeitgeber gab ihr also 3 Neugroschen für die Elle, die Seide dazu kostete ungefähr eben so viel — und im Handel giebt man für die Elle solcher Spitzen 20 Neugroschen — nun mache man selbst die weitere Anwendung davon! Hättet Ihr diese Mädchen und Frauen des oberen Erzgebirges gesehen! Die Kinder, welche in den dumpfen Stuben aufwachsen, sehen gespenstisch ausbleich, mit abgemagerten Armen und Beinen und aufgetriebenen Leibern — von der einzigen Nahrung, welche sie haben: der Kartoffel. Der Vater hat sich im Blaufarbenwerk einen frühen Tod geholt oder er zieht mit Rußbutten oder Holzwaaren durch das Land, Weib und Kinder müssen daheim arbeiten, er kann nicht auch für sie mit sorgen! Die kleinen Mädchen müssen klöppeln, sobald sie die Händchen regelrecht regen können — da verkümmern sie am Klöppelkissen, an dem die Mutter schon verkümmerte, daß sie nur schwächlichen Kindern das Leben geben konnte, am Klöppelkissen, an dem die Großmutter erblindete! Denn das unverwandte Sehen auf die feinen Fädchen, Nadeln und Klöppelchen raubt den Augen früh die Sehkraft und die spielende Bewegung der kleinen Klöppel — oft gegen 50—100 — mit den Fingern macht diese fein und zart, die Arme schwach und mager, und untauglich zu jeder andern Beschäftigung. Und da kommen die klugen Leute und sagen: die Frauen können etwas Anderes thun als klöppeln, es sei Wahnsinn, daß sie darauf bestünden. Nein, sie können es nicht, wenn sie einmal von Kindheit auf nichts Andres gethan haben, denn sie haben sich niemals kräftigen können und sind ganz und gar unfähig eine schwerere Arbeit zu verrichten — wenn man sie ihnen auch verschaffen könnte.

Ich habe schon die Preise angegeben, welche für einige weibliche Arbeiten bezahlt werden. Ja, wenn sie nur wirklich immer bezahlt würden! — aber auch die armen Näherinnen müssen Credit geben und werden oft spät, zuweilen auch gar nicht bezahlt. Viele der wirklich Reichen haben keinen Begriff davon, was Arbeit ist und daß ein armes junges Mädchen, das nicht gerade zum Betteln gezwungen ist oder wie eine Bettlerin aussieht, ein paar Thaler sehr nothwendig brauchen kann. Die feinen Damen wissen auch oft nicht wie lange an einem Stück genäht werden muß und statt es nach sich selbst zu beurtheilen, was sie doch könnten, sagen sie: Ja, wir arbeiten natürlich lange an so etwas, weil wir nicht darüber bleiben, aber bei denen, die den ganzen Tag nähen, fliegt die Arbeit nur sohin — es ist unglaublich, wie viel sie in einem Tag fertig bringen. Denn das ist auch herkömmlich, daß der Reiche nie von sich auf den Armen schließt, sondern daß er diesen geradezu als ein anderes Wesen, eine andere menschliche Gattung betrachtet, als sich. So kennen sie auch nicht die Sorgen und Bedürfnisse der verschämten Armen — ein paar Thaler oder Gulden sind für den Reichen so wenig und darum wird eine solche Kleinigkeit oft wirklich v e r g e s s e n. In diesem V e r g e s s e n aber liegt selbst der ganze Egoismus, die ganze Unnatur, die ganze Unchristlichkeit bei aller Frömmelei, Unmenschlichkeit bei allen öffentlichen Humanitätsbestrebungen der heutigen Gesellschaft!

Diejenigen nun, die nicht so reich sind, sich aber doch den Schein des Reichthums (durch Reich — thun) und der Vornehmheit retten wollen, daher arbeiten lassen, was sie nicht bezahlen können, benutzen diesen noblen Gebrauch — ehe sie bezahlen, warten sie ab, bis man sie mahnt, dann sagen sie wegwerfend: „Ach, diese Kleinigkeit hatte ich vergessen!" Natürlich kommen bei solcher Gelegenheit und Gewohnheit die Schüchternsten und Schwächsten am schlechtesten weg — und das werden die armen Arbeiterinnen sein, welche aus Zartgefühl nicht mahnen und die man auch im schlimmsten Falle nicht zu fürchten hat, wie den Kaufmann oder Handwerker, der am Ende mit gerichtlichen Klagen droht, indeß die Arbeiterin nur Thränen zu ihren Fürsprechern hat.

Glücklich sind diejenigen Mädchen, welche, indem sie von weiblichen Handarbeiten leben, noch einer Familie angehören, so daß sie wohl, was sie verdienen, den Eltern oder Geschwistern mit zum

Haushalt geben, aber doch nicht speciell dafür zu sorgen haben. Dann sitzen sie wenigstens in einer warmen Stube und haben ein warmes Mittagsessen. Aber welches Glück ist eine solche Existenz! Eine fleißige Arbeiterin steht früh 5 Uhr auf und setzt sich gegen 6 Uhr an ihren Arbeitstisch — dann steht sie nicht eher auf als um 12 Uhr zum Mittagsessen — in längstens einer halben Stunde ist dies beendigt und sie setzt sich gleich wieder hin — hat sie viel zu thun, so macht kaum die Dämmerung, noch weniger das Abendessen eine Unterbrechung, ein Butterbrot kann bei der Arbeit genossen werden — und darin besteht allein ihre Abendmahlzeit; gegen 10 Uhr, oder — je nachdem die Arbeit treibt — früher oder später, geht sie schlafen. Und so Tag für Tag, Stich für Stich — kein Feierabend, wie ihn andere Arbeiter haben, kaum Sonntags ein Kirchenbesuch, ein Spaziergang. Die Gedanken stumpfen entweder ganz ab oder bleiben an den Sorgen hängen: wo wieder Arbeit herzubekommen, wenn diese fertig? und wird diese auch bezahlt werden? — Aber keine Thräne darf in ihr Auge treten, dann möchte sie zu große Stiche machen — auch kein Blick auf die Straße irren — das ist schon eine Arbeitsversäumniß. Wie gesagt, eine Nähterin, die noch nicht ganz verlassen ist, kann das schon aushalten aus den Ersparungsgründen, die wir vorhin erwähnten und auch weil sie sich nicht so verlassen fühlt, weil ja die langweiligste Arbeit dadurch Werth bekommt, wenn man sich sagt, daß man nicht nur für sich arbeitet und wenn überhaupt Mehrere zusammen arbeiten oder doch ein Gespräch statt finden kann — aber wenn sie nun ganz allein steht oder noch einen alten Vater, eine stumpfe Mutter, kleine Geschwister, vielleicht ein eignes Kind mit zu ernähren hat? Im erstern Falle ist sie noch besser daran, dann kann sie als Näherin zum Ausbessern auf die Stube zu den Leuten gehen, da bekommt sie $2\frac{1}{4}$ bis 5 Neugroschen und das Mittagsessen — so hat sie wenigstens dies und doch meist ein kräftiges, erspart Holz und Licht zu Hause, kann auch bis Tagesanbruch schlafen und ist Abends von sieben Uhr an frei. Ist sie so glücklich, Schneidern oder Putzmachen gelernt zu haben, bekommt sie 8—$12\frac{1}{2}$ Neugroschen den Tag. Solche Mädchen haben unter den Arbeiterinnen noch das glücklichste Loos gezogen, aber sie haben auch in der Regel sich erst das Erlernen des Schneiderns und Putzmachens etwas kosten lassen müssen. Auch wird von ihnen schon eine gute Erziehung und feinere Bildung verlangt, wenn die gebildeten Familien sie in ihrer nächsten Umgebung sehen sollen — die arm und unwissend aufgewachsenen Mädchen eignen sich daher zu diesem Geschäfte nicht.

Diese „weiblichen Arbeiten," wie Sticken, Häkeln, Nähen u. s. w. werden auch von allen denen vorgezogen, welche es nicht wollen wissen lassen, daß sie einen Verdienst brauchen können. Jedermann will für reicher gehalten sein, als er ist, oder die „höheren" Stände halten es für ihrer unwürdig, zu arbeiten. Man kann kaum dem Einzelnen einen Vorwurf daraus machen, einem Unrecht, welches das hergebrachte Unrecht der ganzen Gesellschaft ist, sich zu unterwerfen — das ist nicht oft genug zu wiederholen. Alles gilt ja der Schein und wenig das Sein — nun, so ergiebt man sich dem in der Gesellschaft einmal herrschenden Schwindel. Der Mann, der Familienvater sieht in der Regel durch die Kinder und deren Größerwerden die Ausgaben des Hausstandes in einem Grade wachsen, mit dem seine Einnahmen nicht Schritt halten, die Forderungen des Luxus werden täglich größer, nicht nur die Lebensmittel mit ihren sich immer höher steigernden Preisen vertheuern einen Haushalt, sondern die Garderobe — und zwar für beide Geschlechter — steigert sich zu immer mehr kostspieligen Extravaganzen, welche nicht mitmachen zu können fast wie ein Unglück, sicherlich als ein Mangel empfunden wird. Die meisten Familienväter belächeln zwar diese Dinge und finden sie überflüssig, ja stemmen sich oft hartnäckig dagegen, indeß, sie werden überstimmt, oder wenn das nicht hilft: überlistet. Die meisten Männer haben keine Idee davon, was eine Wirthschaft, noch was ein Anzug kostet — sie haben als Garçons gehört, — meist von ihren Eltern — daß sie Alles theuer bezahlen müssen, daß sie im Hause viel billiger leben könnten und glauben nun, wenn sie einen eignen Hausstand gegründet haben, diese Vorstellungen realisiren zu können — und sehen sich bitter getäuscht. D. h. sie wollen nichts von den kostspieligen Gewohnheiten des Junggesellenlebens aufgeben — sie wollen im Hause dieselben Delikatessen genießen, die ihnen im Hôtel zur Auswahl vorgesetzt waren und ihre kräftige Hausmannskost nach den neuesten Vorschriften der Professoren der Naturwissenschaften noch obenein — und ein solcher häuslicher Mittags- und Abendtisch kostet dann viel mehr als das frühere Gasthausleben. Aber der Mann hält an der mütterlichen Lehre fest, daß in der eignen Wirthschaft Alles billiger sei (zu ihrer Zeit war es ja auch so!) und die Frau wagt kaum zu sagen, was ihre Küche kostet, weil ihr dann noch vorgeworfen wird: sie verstehe nur nicht so billg zu kaufen und zu wirthschaften, wie einst die Schwiegermutter. So wird oft aus lauter Liebe und Rücksichtnahme der Mann selbst in Bezug auf die Kostspieligkeit seiner ersten Forderung: gutes Essen, getäuscht, wie viel mehr nicht über die der weiblichen Familienglieder: gute Toilette. Die Preise aller einzelnen Gegenstände, welche sie bilden, sind so verschieden, daß wohl die wenigsten Männer hier den richtigen herausfinden werden, wenn ihnen ein billigerer gesagt wird — und um dies zu können, suchen die Töchter solcher Väter sich heimlich ein Taschengeld zu verdienen, um davon das Deficit ihrer Putzrechnungen decken zu können. So herrscht im gepriesenen deutschen Familienleben, an dem beileibe Niemand wagen darf zu rütteln, weil man das für einen Angriff auf die „Heiligkeit" der Familie erklärt, ein völlig ausgebildetes Hintergehungssystem, das sich natürlich fortpflanzt von Geschlecht zu Geschlecht und sein Gift von einem Kreis in den andern überträgt. Die Hausväter fürchten ihren Credit zu verlieren, wenn man erfährt, daß ihre Töchter für Geld arbeiten und geben das nicht zu, die Mütter fürchten aus gleichem Grunde, daß sie dann keinen Mann bekommen und lassen das Arbeiten heimlich geschehen — und um dies Alles noch zu unterstützen, versuchte jüngst eine deutsche Schriftstellerin in einer deutschen Residenz die Gründung eines „Bazars," für welchen „Beamtentöchter" unter der Garantie, daß Niemand ihre Betheiligung daran erführe, arbeiten sollten! — Es sollte hierdurch wohl der schädliche Brauch vermieden werden, daß diejenigen, welche nicht von dem Verdienst ihrer Arbeit leben müssen, dieselbe gar noch billiger als Andere abliefern, weil sie die Arbeit nur als „Zeitvertreib" verrichten — aber das verwerfliche Lügensystem, die unmoralische Anschauung, sich der Arbeit zu schämen, bekam dadurch nur einen neuen Beitrag.

Zum Glück sind nicht alle Eltern so verblendet, nicht alle Mädchen so thöricht. Aber wie wenig Gelegenheit finden sie zum Erwerb, auch wenn sie denselben suchen wollen mit Aufgabe ihrer häuslichen Existenz!

Die meisten Mädchen, die eine oberflächliche Erziehung genossen haben und nicht so weit vorgebildet sind, um eine Stelle als „Gouvernante" ausfüllen zu können, suchen eine solche als „Bonne" oder „Erzieherin," oder „Mamsell," wie der andere Kunstausdruck lautet. Kommt ein solches Mädchen, das von Allem etwas und meist Nichts ordentlich gelernt hat, in eine Familie, so weiß man dann oft nicht, ob man mehr die Familie bedauern soll, welche einem so dilettantenhaft gebildeten Mädchen die Aufsicht über ihre Kinder, wohl gar deren Erziehung anvertraut, — oder das Mädchen, das tausend Ansprüche an sich gemacht sieht, die alle zugleich zu befriedigen fast eine Unmöglichkeit ist! Wie fast immer im planlosen Frauenleben, entscheidet auch hier nur der Zufall, natürliche Begabung und der gute Wille, ob in irgend einer Weise ein günstiges Resultat erreicht wird.

Betrachten wir uns doch einmal diese Verhältnisse ein wenig näher. Wer eine „Bonne" engagirt, wünscht gewöhnlich Gouvernante, Kammerjungfer und Kindermädchen in einer Person zu vereinigen. Es sind einige kleine Kinder im Hause, die noch nicht oder nur zum Theil das schulpflichtige Alter erreicht haben. Die Mutter ist abgehalten sich ihnen ganz zu widmen — im schlimmern Falle durch Bequemlichkeit und gesellige Bedürfnisse, im bessern durch einen mit dem Geschäft des Mannes verknüpften großen Hausstand, durch Kränklichkeit oder ein kleines, vielleicht auch kränkliches Kind. Wir verdenken ihr dann nicht, daß sie sich nach einer Gehilfin umsieht; es ist sogar ihre Pflicht, es zu thun, sobald es die Verhältnisse erlauben. Eben so wenig verdenken wir ihr, daß sie statt einer vorurtheilsvollen, vielleicht abergläubischen Kinderfrau, oder eines leichtfertigen Kindermädchens, ein Mädchen von besserer Bildung wünscht, dem sie vertrauensvoll die Kinder überlassen kann. Nehmen wir also an, daß ein Hausmädchen existirt für die Küche, Wäsche und andere gröbere Arbeiten und für das kleinste Kind eine Amme oder ein Kindermädchen, das ausschließlich von dessen Bedürfnissen in Anspruch genommen wird. Was wird nun von der Bonne Alles verlangt? Sie muß bei den größern Kindern schlafen, früh sie wecken, ankleiden helfen und den ganzen Tag über beaufsichtigen. Sie muß Französisch verstehen, um es den Kindern „spielend" — wie der Kunstausdruck lautet — mit zu lehren, außerdem aber Schneidern, Putzmachen, Gardinen aufstecken, plätten, nähen und alle weiblichen Handarbeiten verrichten, Alles besorgen, was zur Kleidung der Kinder und zur Haustoilette der Hausfrau gehört; vielleicht muß sie diese auch frisiren und ankleiden, wenn nicht täglich, doch für die Gesellschaft. Vielleicht muß sie auch mit bei der Wäsche helfen, stärken und mit auf die Rolle gehen, in der Küche jedenfalls, wenn es etwas mehr als gewöhnlich zu thun giebt. Außerdem muß sie mit den Kindern spazieren gehen und immer bereit sein „spielend" ihre Anliegen und Einfälle zu befriedigen: ihre Puppensachen nähen, ihre Spiele leiten, Alles aufräumen, was sie herumwerfen, für Alles stehen, was sie zerreißen oder sonst umbringen, wo möglich jeden Schaden wieder heilen, den sie anrichten und das Alles mit der liebevollsten und freundlichsten Miene — denn dazu hat man sie ja! Selten darf sie den Kindern etwas verbieten, abschlagen, noch weniger sie bestrafen, dazu haben die Eltern allein das Recht. Sind aber die Kinder unartig, so fällt die Hauptschuld allein auf die Bonne. Dies letztere bezeichnet schon den Standpunkt, den sie im Hause einnimmt. Wenn die Kinder mit am Tische essen, so hat sie das gleiche Recht — gewiß aber verschwindet sie mit ihnen, wenn Besuch kommt. Diesem gegenüber wird sie nicht besser als jeder Dienstbote behandelt; sie darf nur im Zimmer erscheinen, wenn sie zum Serviren, zur Theebereitung u. s. w. gebraucht wird und dann sitzt sie nicht mit am Tische, sondern hält sich abseits in einer dunkeln Ecke oder am Büffettisch auf. Die Besuchenden wissen kaum, ob es vergönnt ist sie zu grüßen. So wie von der Herrschaft wird sie auch von der Dienerschaft behandelt. Niemand thut ihr eine Handreichung, sie mag sich Alles selbst machen — ist aber etwas versehen, so wird sie von beiden

Seiten dafür verantwortlich gemacht. Wenn die Dienstmädchen etwas verdorben oder vergessen haben, schieben sie es auf die „Mamsell" hinter ihrem Rücken oder sagen ihr in's Gesicht: sie hätte es ja wissen oder thun können, „die Madame" habe es ihr gewiß gesagt — und diese wirft ihr wieder vor: sie habe doch auf die Mädchen auf= passen können u. s. w., ohne sich darum zu kümmern, daß jene geradezu sagen: die Mamselle „habe ihnen nichts zu befehlen."

Nehmen wir nun auch an, daß ein geschicktes Mädchen schon in der eignen Familie sich die meisten Fertigkeiten aneignen kann, die als Mamsell von ihr gefordert werden, so muß sie doch wenig= stens Französisch, Clavierspiel, vielleicht auch Schneidern und Putz= machen erst durch bezahlten Unterricht gelernt haben und überhaupt einen Grad der Bildung besitzen, der sich entweder nur durch Er= ziehung im Schooße einer gebildeten Familie oder sehr schwer in an= deren wechselnden Verhältnissen erreichen läßt. Keineswegs also ist jedes Mädchen zu einer solchen Stellung befähigt und wenn es auch keiner allzugroßen Vorbereitung dazu bedarf, so ist doch immer für die einzelnen Zweige Lehr= und Stundengeld aufgewendet worden, das sich nun verinteressiren muß. Es sind die Töchter von Beamten, Pastoren, Advocaten, Künstlern, Privatgelehrten und kleinen Kauf= leuten, die nach einem solchen Lebensunterhalt streben, entweder weil das Einkommen der Väter nicht ausreicht sie zu ernähren, oder weil sie denselben verloren haben.

Und was ist nun bei Bildungsgrad, Leistungsfähigkeit und Behandlung wie geschildert, meist der Lohn für solche Mühsal? — Die Feder sträubt sich es zu sagen!

Sechzig bis achtzig, höchstens hundert Thaler jährlich — dazu kommen im besten Falle noch Weihnachtsgeschenke, aber fast nie wird das Gesammteinkommen viel über hundert Thaler betragen. Dafür wird nicht nur die ganze Freiheit — es giebt keine Ferien und Feiertage, von den letzteren gestattet vielleicht einer um den andern einen Kirch= und freien Ausgang — und die ganze Arbeitskraft eines Mädchens verkauft, sondern es wird auch „anständige" Kleidung ge= fordert, deren Verbrauch bei den vielen wirthschaftlichen Leistungen und der Kindernähe kein geringer ist, indeß meist die Zeit fehlt, für sich selbst zu nähen und auszubessern. Und wenn irgendwo eine solche Stelle angekündigt wird, findet leicht eine Concurrenz von hundert Bewerberinnen statt! Daraus kann man schließen, wie viele Mädchen es giebt, die zu einem solchen Erwerb genöthigt sind, genöthigt sich für den schlechtesten Gehalt auch noch der schlechtesten Behandlung Preis zu geben! Fast giebt es kein Verhältniß, in dem die Arbeitskraft des Mannes in gleichem Grade ununterbrochen in Anspruch genommen würde, als es in der geschilderten Stellung im Frauenleben geschieht — freilich immer wieder sanktionirt durch das Herkommen, nach welchem die musterhafte deutsche Hausfrau und danach auch jede, welche ihr beisteht, sei es die Tochter oder die Dienerin — keine Ruhestunden kennen darf. Diese Einrichtung beruht aber meist nur in einer mangelhaften Zeiteintheilung, durch welche die Nothwendigkeit, zuweilen müßig zu warten und die üble Gewohnheit warten zu lassen, entsteht. Wenn man die mitten im häuslichen Walten und Schalten so verwartete und vertröbelte Zeit nur allein zusammenrechnet, die verlornen Minuten, deren Flucht man kaum bemerkt, und nun vollends die Stunden, die durch zwecklose und selten unterhaltende Besuche, sowohl im Abstatten als Empfangen derselben verloren gehen, so kommt eine ansehnliche Tageszeit heraus, von der eine nützliche Anwendung gemacht werden könnte. Die Zeit ist ein Capital, das man am allersorgfältigsten hüten sollte. Es gilt darum doppelt für das weibliche Geschlecht, dieselbe nicht allein zusammenzunehmen, sondern sie auch für sich selbst höher zu verwerthen, d. h. etwas zu lernen und zu treiben, das für die Zukunft diese höhere Verwerthung sichert. Die Sitte, die meiste Frauenarbeit und alle weiblichen Leistungen so schlecht, wie es geschieht, zu bezahlen, entsteht einmal aus der übergroßen Concurrenz in den wenigen ihr bisher zugänglichen Fächern, andererseits aus dem Pochen auf die Mäßigkeit und Anspruchslosigkeit des weiblichen Geschlechts, das mit Wenigem zufrieden ist, weil — es dies sein muß.

In den gebildeten Ständen finden die Töchter nur in der Kunst, in der Literatur und im Lehrfach für sich eine Quelle des

Erwerbes. Aber wehe den Unglücklichen, die sich nur um des Er=
werbes willen, ohne Begeisterung und ohne Talent dahin wagen.
Sie werden es im besten Falle kaum zu mittelmäßigen Leistungen
bringen — und wenn man namentlich über so viele beim Theater
untergehende, in der Literatur nur das Oberflächlichste leistende Frauen
klagt, so liegt der Schlüssel dazu darin: alle diese hätten sich nie auf
der Bühne oder in der Literatur versucht, wenn ihnen ein andrer
Beruf zugänglich gewesen wäre.

III.
Die Familie und ihre Pflichten.

Wenn zwei Menschen sich vereinigen, um zusammen durch's
Leben zu gehen und eine Familie zu bilden, so sollten sie sich auch
den ganzen Ernst dieses Schrittes vergegenwärtigen und zwar nicht
erst im letzten Moment am Tag vor der Hochzeit oder in der Kirche
bei der Trauung, sondern lange vorher. Wenn die Liebe das Ehe=
bündniß schließt, so ist das Gefühl des Glückes, einander nun ganz
gehören zu dürfen, an einem längst ersehntem Ziele zu stehen, doch
zu groß und aufregend, um sich da des gethanen Schrittes in
seiner ganzen Größe bewußt zu werden — und auch wo dies Be=
wußtsein kommt, kann es ja nur noch gute Vorsätze und heilige Ge=
lübde mit sich bringen, aber nichts mehr vorbereiten und ändern.
Und dreimal wehe da, wo die Liebe auf der einen oder andern Seite
nicht das Band geschlungen — wo es nicht wie Schauer der Selig=
keit, sondern wie Schauer des Elends durch den Körper rieselt, wenn
das bindende Ja ertönt — und wehe auch denen, die in dieser
Stunde sich erst klar werden über das, was sie gethan — für Alle
aber, ob Glückliche oder Unglückliche, ist es doch zu spät, all' die
neu übernommenen Pflichten erst einer Prüfung zu unterwerfen, ob
man auch fähig sei sie zu üben — diese Vorbereitung sollte vorher=

gegangen sein und zwar nicht allein bei dem Mädchen, sondern auch bei dem Manne.

Wir sind ein = für allemal dagegen, daß bei der Schließung einer Ehe die äußeren Verhältnisse den Ausschlag geben. Wir haben schon im Voraus jede Ehe für unsittlich erklärt trotz Trauschein und Priestersegen, wenn ihr das höhere Motiv der Liebe fehlt. Aber wir meinen damit auch nicht die Liebe, welche nur in den Sinnen wur= zelt und nur geschlossen wird, um das Verlangen der Leidenschaft zu befriedigen; auch sie kann nicht bestehen vor dem Richterstuhl wahrer Sittlichkeit, welche verlangt, daß zwei Wesen nur dann auch körper= lich Eins werden, wenn sie es vorher geistig, wenn sie es mit Herz und Seele geworden; und in sofern finden wir in der kirchlichen Weihe der Ehe ein symbolisches schönes Moment, welches die geistige Heiligung des Bundes andeuten soll, der eben auf höheren Principien zu ruhen hat als allein auf dem eines bürgerlichen Vertrags.

Freilich tritt die Liebe auf in so verschiedenen Gestalten und Graden, daß die Frage: was ist Liebe? und wer liebt wahrhaft? hier eigentlich erst aufzuwerfen und zu beantworten wäre, ehe wir es wagen sollten zu warnen, zu beklagen oder zu verurtheilen — aber man weiß, daß in der Liebe so zu sagen jedes Herz nicht allein sei= nen eignen Gott, sondern auch seine eigne Religion hat und daß von je alle Versuche, das Wesen der Liebe zu definiren, vergeblich waren! Ob die eigne Liebe echt oder unecht sei, das freilich kann Niemand, der sich im Bann einer Leidenschaft befindet, unterscheiden — aber das wenigstens wird sich beurtheilen lassen, ob man über= haupt liebt oder nicht, und nur darauf wollten wir hier Rücksicht nehmen.

Wenn ein Mädchen erst zu einer Ehe **überredet** werden muß, wenn es den Bewerber gleichgültig kommen und gehen sieht, wenn es aus irgend einem andern Grunde als dem der innigsten Zuneigung das Versprechen der Ehe giebt, so handelt es thöricht oder gewissenlos; dann wäre es Pflicht, statt es in einem solchen Vor= haben noch zu bestärken, ihm dasselbe auszureden und vor allen Din= gen aber statt die Einzelne die Allgemeinheit in's Auge zu fassen und dafür zu sorgen, daß die Anschauungen und Zustände umgestaltet

werden, welche es veranlassen, daß oft die besten und edelsten Mäd=
chen gerade noch meinen, es sei kein Unrecht, sondern wohl gar noch
eine Heldenthat, sich selbst zu bezwingen und die Hand ohne das Herz
zu verschenken — etwa um durch den künftigen Gemahl alten Eltern
eine Stütze zu geben oder ihre Sorgen zu mindern oder für sich selbst
einen passenden Wirkungskreis zu finden oder eine geachtete Stellung
in der Welt — oder um die Lehre von der weiblichen Bestimmung
zu erfüllen.

Wenn man hier die Anschauungen dahin geändert hat, daß
die allgemein menschliche Bestimmung: Gutes zu thun, sich selbst
zu vervollkommnen und ein nützliches Glied im großen Menschheits=
verbande zu sein, über die specifisch weibliche geht: nur Gattin
und Mutter zu werden um jeden Preis — und wenn man solche
Zustände herbeigeführt hat: daß ein erwachsenes Mädchen sich selbst
erhalten kann und ihren Eltern keine Last zu sein braucht, daß sie
vielmehr mit der Zeit selbst ihnen eine Stütze sein kann durch ihre
eigne Arbeit und Erwerbsfähigkeit und wenn sie eben dadurch es zu
einer geachteten selbstständigen Stellung in der Welt bringen kann:
— dann werden wohl immer noch aus Selbsttäuschung und Leiden=
schaft solche Ehen geschlossen werden, die nach beendetem Rausch
sich zu einem traurigen Verhältniß gestalten —: es werden auch noch
genug Ehen aus niedrer Speculation geschlossen werden, denn Frauen
werden ihr eben so oft unterliegen, wie wir ja auch die Männer ihr
unterliegen sehen — aber man wird dann ein Recht haben das Han=
deln der Frauen eben so verächtlich zu finden, wie das der Männer,
die um reiche oder vornehme Mädchen werben, um durch sie ihre
Carriere zu machen — man wird für die Selbstopferung eines Mäd=
chens keine Beschönigung mehr suchen in edlen Eigenschaften und
Beweggründen und man wird in der That keine mehr finden, um
einen Meineid am Altar noch ferner zu entschuldigen.

Aber wenn wir uns gegen jede Schließung einer Ehe ohne
Liebe erklären, jedes andre Motiv zur Ehe verwerfen, als die gegen=
seitige Sehnsucht zweier Seelen, die sich durch Achtung und Zärt=
lichkeit an einander gekettet fühlen, diesen Bund für's Leben zu
schließen, weil sie sich eine getrennte Existenz nicht mehr zu denken

vermögen: so müssen wir doch wiederholen, wovon wir im Anfang ausgingen: daß wenn sich zwei Menschen verbinden wollen eine Familie zu gründen, sie sich dieser hohen Aufgabe bewußt sein müssen. Auf der Heiligkeit und Sittlichkeit der Familie beruht das ganze Heil und die ganze Sittlichkeit der Nation und sie zu wahren, über sie zu wachen, sollte darum die allgemeine Aufgabe sein, die aber am nächsten an diejenigen herantritt, welche den Bund der Ehe schließen. Wenn wir die Liebe als diejenige Macht bezeichnen, ohne welche wir ein Ehebündniß von vornherein als ein unsittliches und unseliges erklären, so ist es ja eben die Erfahrung, welche den Satz hinstellt, daß die Liebe allein auch noch keine Garantie giebt für das Gedeihen einer Familie, sondern daß die Verhältnisse, oder wie wir lieber sagen möchten, der Wille, welcher die Verhältnisse beherrscht, dabei auch mit in Frage kommen muß. Diese Erfahrung ist es aber wieder, welche den „Verhältnissen" leicht eine zu große Macht einräumt, welche es verschuldet, daß Ehen aus Berechnung statt aus Liebe geschlossen werden — und das ist es ja, wogegen wir kämpfen.

In den sogenannten unteren Ständen werden deshalb die Ehen überhaupt leichter geschlossen, weil es da schon üblich ist, daß Jungfrau wie Junggeselle, Frau wie Mann sich die Mittel ihrer Existenz selbst erarbeiten und erwerben und daß sie auch in der Ehe beide thun müssen, was sie unverheirathet gethan: fortarbeiten für den Erwerb. Ein Gleiches auch in den höheren Ständen einzuführen ist unser Streben. Wir haben schon im ersten Abschnitt gezeigt, wie dasjenige Mädchen, das einen Beruf, einen Lebenszweck hat, das sich selbst erhalten und Andern nützen kann, sich nur aus Liebe verheirathen wird. Daß sie dann, wenn sie sich bewußt ist ihrem Mann einen Theil seiner Sorgen für die gemeinschaftliche Existenz abnehmen zu können oder, wo dies nicht nöthig sein sollte, doch eben die Fähigkeit dazu besitzt, sich gesicherter fühlt gegen alle Wechselfälle des Geschicks, als ohne dies Bewußtsein. Dies allen Mädchen und Frauen zu geben ist der Zweck unsers ganzen Strebens, nur dadurch können sie wahrhaft befreit werden — jeder Emancipationsversuch, der auf einer andern Basis ruht, ist — Schwindel.

Es müssen darum, da, wie wir im vorigen Abschnitt zeigten,

die gegenwärtigen Erwerbsquellen für das weibliche Geschlecht unzureichend sind, demselben neue geöffnet werden, aber was noch wichtiger, es müssen auch die Mädchen zu der Benutzung derselben vorbereitet werden. Ein Familienvater, der, sei es nun als Staatsbeamter oder in einem Fabrik- oder andern Geschäft, einen anständigen Gehalt, eine bestimmte Einnahme im Jahre hat, wird vor allen Dingen darauf bedacht sein, seinen Kindern eine gute Erziehung zu geben, er wird Alles, was ihm nach Befriedigung der nöthigen Lebensbedürfnisse übrig bleibt, auf ihre Bildung verwenden — denn die Verhältnisse sind heutzutage selten, welche den Familienvätern gestatten ein Kapital für ihre Kinder zurückzulegen und es hat auch gegenwärtig mehr als je der Satz seine Berechtigung: Fertigkeiten und Kenntnisse sind das beste Kapital. Aber darum muß auch dieses ein gewissenhafter Familienvater seinen Kindern zu gleichen Theilen zukommen lassen, er muß sie damit so gleich bedenken, wie er sie in seinem Testament bedenken würde. Das Erbe zwischen Söhnen und Töchtern ungleich zu vertheilen — wir lassen die mittelalterlichen Bestimmungen der Majorate und Fideicommisse als allmälig doch zu überwindende Einrichtungen beiseite — würde man als schreiende Ungerechtigkeit verurtheilen — dagegen aber, daß an die Ausbildung der Söhne Alles, an die der Mädchen fast nichts gewendet wird, erheben sich nur sehr wenige Stimmen. Auch diejenigen Eltern, die Hunderte jährlich an ihre Söhne wenden, thun dies meist auf Kosten der Töchter — an ihnen muß erspart werden, was jene verbrauchen. Für die Knaben wird und muß immer Rath geschafft werden, sie zum Weg durch's Leben vorzubereiten — für die Mädchen macht man sich keine Sorgen, die überläßt man ihrem Schicksal! Oder wenn es die Mittel erlauben, so thut man sie vielleicht auch ein Jahr nach der Confirmation in ein Institut, in dem sie oft nur lernen sich in hohlen Formen zu bewegen und neben reicheren Genossinnen Ansprüche zu machen, die weit über ihre Verhältnisse hinausgehen. Man läßt sie vielleicht, sei es in oder außer dem Institute, Sprachen, Musik und Zeichnen lehren, aber Alles nicht gründlich, sondern nur, um auch durch den untergeordnetsten Dilettantismus sich den Anstrich der Bildung zu geben, um damit sich das Leben zu verschönern, die Zeit zu vertreiben — im besten Falle. Als ob nicht die Zeit ein so kostbares Gut wäre, daß man nur darauf zu sinnen hätte, wie man sie auskaufte, ersparte, benutzte, nicht aber wie man sie vertriebe! Als ob das Leben nicht so ernst wäre, daß dem Schönen das Nützliche vorangehen müsse! Als ob nicht das ganze Menschenthum so eingerichtet wäre, daß vorerst jedes Individuum die Pflicht hat durch Arbeit und Anstrengung sich selbst das Recht zum Genuß zu erwerben! Als ob nicht gerade die Aufgabe der Frauen, selbst wenn man nur ihre körperliche im Auge hat, so viel Kraft, Willensstärke und Entsagung erforderte, daß eine nur vertändelte Jugend eine sehr wenig zweckmäßige Vorbereitung dazu ist.

Allerdings denkt man an diese eine Aufgabe — an die der Verheirathung und Mutterschaft. Manche zärtliche Mutter, welche die ganze Schwere dieses Berufs kennen gelernt, vielleicht in ihrer Ehe trübe Erfahrungen gemacht, vielleicht unter der Last eines großen Haushaltes oder auch eines kleinen, den sie ganz allein besorgen muß, oder unter der Pflege und Erziehung vieler, vielleicht kränklicher Kinder ein mühe= und sorgenvolles Dasein verbracht, sagt sich: das wird deine Tochter auch erfahren, wenn sie sich verheirathet — sie wird vielleicht auch keine freie Stunde, keinen sorgenlosen Augenblick mehr haben: möge sie doch darum die goldene Mädchenzeit recht genießen — mit dem Schritt in die Ehe übernimmt sie Pflichten und Sorgen und Arbeit genug! — dann muß sie ja doch so Vielem, vielleicht Allem entsagen, was jetzt das Leben ihr Freundliches bietet — möge sie darum jetzt nur hinflattern wie der schöne Schmetterling, der von Blume zu Blume fliegt und dabei seiner eignen holden Erscheinung sich zu freuen scheint, wenn er mit ausgebreiteten Faltern durch den Sonnenschein gaukelt — die Zeit kommt ja doch frühe genug, wo — umgekehrt von dem Vorbild der Natur — eine Raupe mühevoll am Boden kriecht, die ihre Aufgabe am Besten erfüllt, wenn sie ganz sich einspinnt! Ein solches Raupenleben ist ja ein Abbild von dem Leben mancher verheiratheten Frau — ja vielleicht ein gepriesenes Muster. Und von solchen Vorstellungen erfüllt billigt die Mutterliebe das nur auf Zeitvertreib und Vergnügen

berechnete Treiben ihrer Tochter! Ja, es giebt Mütter, die für ihre
Töchter vergnügungssüchtiger sind als diese selbst! Die Mutter kann
oft die Zeit nicht erwarten, die ihr verstattet, ihre Tochter überhaupt
in die Gesellschaft einzuführen, den Ballsaal mit ihr zu betreten. So
manches Mädchen betritt diese Kreise nur gezwungen, Kindlichkeit und
Schüchternheit halten sie ab — aber die Mutter will ihnen nun ein=
mal mit Gewalt dies „Vergnügen" machen, will ihre Töchter in Ball=
toilette gefallen und bewundert sehen. Oder ist es auch den Mäd=
chen selbst ein wirkliches Vergnügen zu Fest und Ball zu eilen und
ist es auch, mit Maas genossen, ein solches, das man der glücklichen
Jugend wohl gönnen kann, so währt doch die wirklich unschuldige
und harmlose, von keinen widerwärtigen Absichten begleitete Freude
daran in der Regel nur kurze Zeit. Putzsucht, Eitelkeit, Koketterie,
Neid und alle häßlichen Eigenschaften des weiblichen Geschlechts fin=
den hier ihre Nahrung und was das Schlimmste ist: eine Nahrung,
der Tage, ja Wochen geopfert werden. Es sind nicht die 6—8
Stunden, die eine Ballnacht währt, welche durch ein solches Ver=
gnügen verloren gehen — Tage vor= und nachher denken, thun und·
reden die Mädchen nichts Anderes als was auf ihre Balltoilette Be=
zug hat, die ganze Leere ihrer Existenz zeigt sich eben darin und
Körper und Geist leiden unter gleicher Erschöpfung. Und das nennen
thörichte Mütter: die Jugend genießen! Es heißt vielmehr: sie ver-
geuden! Wir wiederholen, daß wir gar nichts gegen Tanz und Ball
haben, wenn darin Maas gehalten, wenn es wirklich wie eine Erho=
lung, ein Ausnahmezustand betrachtet wird. Wenn aber Winter
auf Winter hindurch das ganze Sinnen und Trachten der Mutter
nur darauf gerichtet ist, wie ihre Töchter in solcher Weise floriren
wie diese selbst beinahe an nichts Anderes denken — dürfen, wenn
die Mädchen selbst den Tanz und die oberflächliche Unterhaltung gesel=
ligen Treibens als den Hauptzweck ihrer Jugend betrachten und die
Ehe als den folgenden Hauptzweck ihres Lebens: — dann können
wir die Thorheit eines solchen Treibens nicht genug verdammen. Und
noch verächtlicher wird dieselbe, wenn sich dazu auch noch die Berech=
nung gesellt, die der Mütter sowohl wie die der Töchter. Wenn jene
diese nicht um des momentanen Vergnügens willen auf den Ball

führen, sondern in der Absicht, dort nicht nur Tänzer, sondern auch Bewerber für sie zu finden und wenn die Töchter diese Absicht kennen und selbst ihr Möglichstes thun um sie zu erreichen — dann empört sich doch alles wahrhaft weibliche Gefühl gegen solches unweibliche, ja freche Treiben, wenngleich dasselbe nur zu oft nicht allein von den Müttern, sondern auch von den Vätern für gut befunden wird. Aber wir wollen uns nicht darüber ereifern! Durch Moralpredigen ändert man dergleichen Dinge nicht — ja nicht einmal durch die Geisel der Satyre, denn sonst müßte es schon Jean Paul geändert haben, dessen, den Nagel auf den Kopf treffende Abhandlung „Ueber den grünen Markt mit Töchtern" heute immer noch ihre Giltigkeit hat. Die Verhältnisse müssen anders werden, welche solche widerwärtige und unwürdige Zustände hervorrufen — nur dadurch werden diese selbst endigen oder wenigstens ohne Beschönigung und Entschuldigung als das bezeichnet werden, was sie sind.

Und frage man nur, ob dies scheinbar glückliche, theils im Nichtsthun, theils in resultatloser Geschäftigkeit oder in der Jagd nach Vergnügungen und dem durch sie hervorgerufenen Taumel verbrachte Leben, diese bevorzugten Mädchen wirklich befriedigt, ob es wirklich beneidenswerth ist? Sie bringen ihre Tage meist in zwecklosem Thun unbefriedigt hin, sorglos freilich — aber das ist ein Glück, das diejenigen nicht zu schätzen wissen, die noch keine Sorgen gekannt — dagegen drückt sie immerhin ein Gefühl nicht nur der Abhängigkeit von den Ihrigen, sondern der peinlichsten Unselbstständigkeit gerade in den Kleinigkeiten des alltäglichen Lebens, ein Gefühl des Unterdrücktseins, das besonders bei Mädchen, welche Brüder haben, im Gegensatz zu der diesen gestatteten Freiheit bemerkbar wird. Auch bei solchen bevorzugten Mädchen entwickelt sich der Wunsch ein Knabe oder Mann zu sein, weil diese, der kleinlichen Bevormundung enthoben, nicht nur ihren Lern- und Bildungstrieb befriedigen, sondern auch ihr Leben in ganz anderer Weise ungestraft genießen dürfen. Was man an den Töchtern oft mit Recht — auf das Strengste rügen würde, wird den Söhnen,— oft mit eben so viel Unrecht, nachgesehen — seufzend oder lächelnd — das Nachsehen bleibt immer dasselbe — und verdirbt in den meisten Fällen die Knaben, wenn nicht wirklich sittlich, doch zu rohen egoiſtiſchen Männern und den Mädchen flößt es Unzufriedenheit ein mit der eigenen Lage oder Verbitterung gegen das männliche Geſchlecht.

Jene Ungleichheit im Koſtenpunkt zwiſchen Töchtern und Söhnen ſoll freilich dadurch ausgeglichen werden, daß wenn eine Tochter heirathet, dieſelbe eine Ausſteuer mit bekommt, die, je nach den Verhältniſſen, mehr oder weniger koſtſpielig ausfällt. Aber wenn ſie nun nicht heirathet? — dann wird nicht daran gedacht ſie irgendwie zu bedenken, ja, wenn die Ausſtattung der einen Schweſter vielleicht gerade darum, weil ſie eine „gute Partie" macht und man nicht allein der Welt, ſondern auch dem Bräutigam gegenüber den Schein des Reichthums bewahren will, tauſend Thaler und mehr betragen mag, wird die unverheirathet bleibende Schweſter nicht einmal wagen dürfen auf ein paar hundert Thaler Anſpruch zu machen, um ſich dadurch irgend eine ſelbſtſtändige Exiſtenz zu gründen. Dann ſtirbt vielleicht der „Verſorger" der Familie, ſie hat vergebens auf einen neuen für ſich gewartet und das karge Erbe wird dann gleich getheilt zwiſchen ihr und den verheiratheten Schweſtern, welche ihre Ausſtattung voraus und den Brüdern, deren Studien eben ſo viel und mehr gekoſtet haben. Vielleicht bietet ihr dann eines dieſer verſorgten Geſchwiſter in ſeinem Hauſe eine Freiſtatt und das Gnadenbrot an, das ſie mit tauſend Demüthigungen und Selbſtüberwindungen dankbar hinnehmen muß — und dann wundert man ſich noch über die Verbitterung ſolcher „alten Jungfern!" —

Solches Frauenloos gleichſam vorausahnend wird faſt allgemein die Geburt eines Knaben für ein größeres Glück angeſehen wie das eines Mädchens — die Taufe wird dann mit dem dieſer Anſchauung entſprechenden Pomp gefeiert. Da es ſich dabei um die Fortſetzung des Familiennamens handelt, ſo mag in dieſer Beziehung die Sache ihre Berechtigung haben, aber auch wenn ſchon ein Stammhalter da iſt, werden die Knaben gewöhnlich willkommener geheißen als die Mädchen — oder wenn dies einmal bei unbemittelten Familien nicht der Fall iſt, ſo „tröſtet" man ſich über die zahlreichen Töchter nur deshalb: „weil ſie nicht ſo viel koſten" als die Söhne, d. h. man beabſichtigt gleich von Anfang an, nichts an ſie zu wenden.

In den Mädchen erblickt man eine Stütze im Hauswesen; indeß die Knaben frei herumschwärmen dürfen, daheim die Gebieter spielen und meist für zu gut gehalten werden, Gänge im Interesse des Hauswesens zu besorgen, geschweige denn die geringste Handreichung zu thun, müssen die Schwestern nicht nur als Helferinnen der Mutter im Hauswesen, in der Wartung kleinerer Geschwister sich tummeln oder mit Stricken und Nähen die Freistunden ausfüllen, welche ihnen die Schule läßt, sondern sie müssen auch oft geradezu die Brüder bedienen und wenn sie auch täglich, wie wir es oft gehört, ärgerlich dagegen protestiren sollten.

Kommen nun die Söhne aus dem Hause, so gestalten sich die Verhältnisse oft noch um Vieles greller. Die Töchter der minder Wohlhabenden müssen entbehren, damit die Söhne nicht nur studiren, sondern dabei auch verprassen können, was der Fleiß der Eltern erworben. An die Ausbildung der Mädchen wird nichts gewendet, sondern nur an die der Söhne — und wie die gegebenen Verhältnisse nun einmal sind, kann man immerhin sagen, daß die Sache einige Logik hat, da man sicher darauf rechnen kann, daß das an die Söhne gewandte Capital sich wenigstens wieder für diese selbst verinteressirt, während die Mädchen, wenn sie nicht durch außerordentliche Begabung zu Künstlerinnen auf diesem Gebiete Erfolg haben, doch nur geringe Vortheile von all' ihren Kenntnissen und Fertigkeiten ziehen können. Daß die Söhne viel kosten, gilt als selbstverständlich — was aber die Töchter kosten, wird ihnen oft als etwas sehr Ueberflüssiges vorgeworfen. Was den weiblichen Putz betrifft, so ist es wahr, daß die Mode oft übertriebene Ansprüche macht und daß auch in dieser Beziehung ein Luxus eingerissen, den wir nur verderblich nennen können, — es muß aber auch gesagt werden, daß dieser Luxus bei den Männern gar nicht geringer ist, nur daß er hier weniger in die Augen, desto mehr aber in den Geldbeutel fällt und daß bei ihm gar keine Ersparnisse zu machen sind, wie z. B. bei der weiblichen Toilette durch Selbstarbeit die Umgehung des Macherlohns und durch die Fähigkeit der weiblichen Kleidungsstücke, sich aus einem in das andere verwandeln und wieder aufarbeiten zu lassen, durch Wenden, Waschen und Färben, wie z. B. ein altes Kleid oft noch ein neues Kleid, Blouse, Schürze, Mantille u. s. w. giebt oder doch Futter und Kinderkleider, während abgetragene Männersachen keine Reparatur vertragen und fortgeschafft werden müssen. Es ist dies etwas sehr Wesentliches den Vorwürfen gegenüber, welche der weiblichen Putzsucht gemacht werden. Nehmen wir den gebildeten Mittelstand an, so müssen wir auch bedenken, daß meist eben der Putz und seine Selbstverfertigung die Hauptbeschäftigung, Freude und Ausgabe der Mädchen ist. Ihre andern Unterhaltsbedürfnisse sind äußerst gering und sie können schon sehr elegant gekleidet sein, ehe das, was dabei überflüssig ist, nur annähernd die Summe erreicht, die ihre Brüder in Wirthshäusern oder für andere Dinge verschleudern, die eben so überflüssig sind und oft noch zweckloser, die aber den Männern zu Gute gehalten werden, indeß man jede Frau verachten würde, die so leichtsinnig ihr Geld hinwürfe und Schulden machte. Dies ist auch ein sehr wichtiger Punkt.

Das leichtsinnige Schuldenmachen der Studenten z. B. wird für Nichts geachtet und gilt wohl bei ihnen selbst als ein geniales Unterscheidungszeichen vom Philister, als ein Freisein vom Zwang des Zopfes — indeß es in Wahrheit wie so Manches im Studententhum nichts Anderes ist als ein Rest mittelalterlicher Rohheit. Als vor Jahrhunderten die Studenten mit dem Degen an der Seite durch die Straßen schritten, Jeden zur Seite stießen, der ihnen auf „den breiten Steinen" nicht respektvoll auswich oder mit Sporenstiefeln niedertraten, wer ihnen gerade in den Weg kam, den niederstachen, der ihnen widersprach oder ihre Unziemlichkeiten rügte, als sie alle gute Sitte und allen Anstand verhöhnten und für den ruhevollen Bürger den Spitznamen „Philister" aufbrachten: — damals machten sie allerdings weniger Schulden wie jetzt, weil sie sich gleich für berechtigt hielten auf Anderer Kosten zu leben, es für geziemend galt, andere ehrliche Leute zu betrügen, für eine Bravour, sich wohl gar das ohne Umstände zu rauben, was man gerade begehrte und sich dann der Genialität seiner Einfälle und Kunststückchen zu rühmen. Davon ist nun noch etwas am Studententhum hängen geblieben, nur daß man sich doch auch darin wie in andern Dingen einigermaßen cultivirt hat. Bei den Handwerkern, Wirthen und andern „Philistern" werden

Schulden gemacht mit der guten Absicht sie dereinst zu bezahlen, öfter in der Voraussetzung, daß der „Alte" sie bezahlen werde. Im Allgemeinen geschieht dies Schuldenmachen mit der alten Rücksichtslosigkeit gegen die Gläubiger, wie gegen die eigne Familie. Die jungen Männer sind selten, die sich die Sorgen der Ihrigen vergegenwärtigen, an die Entbehrungen denken, die durch ihren Leichtsinn und ihre Verschwendung die übrigen Glieder der Familie sich auferlegen müssen — noch viel seltener aber sind diejenigen, welche auch daran denken, welches Unrecht sie an ihren Gläubigern thun, wie schon manche rechtliche Handwerkerfamilie in die größten Sorgen, ja an den Bettelstab gekommen durch zu gutmüthiges oder langes Creditgeben. Dieses überhaupt Nichtweiterdenken als an die Befriedigung der nächsten augenblicklichen Bedürfnisse, diese egoistische Unüberlegtheit (wir sprechen hier immer noch von den Besseren, denn bei den Schlechteren geschieht freilich das Schuldenmachen oft mit großer Ueberlegung), die man den jungen Männern so leicht verzeiht, wird nur zu oft eine Gewöhnung für's Leben und bildet den ersten Keim zu so vielen untergehenden Existenzen, wo sonst geachtete Männer auch noch als Familienväter die jugendliche Gewohnheit des Schuldenmachens weder aufgeben können noch wollen und selbst ihr Rechtsgefühl mit Scheingründen beruhigen, mit dem Spruch: Jugend hat nicht Tugend! oder vom brausenden Most, der überschäumt oder dem jungen Roß, das nach allen Seiten ausschlägt — bis sie endlich als Betrüger, Selbstmörder oder Bettler enden. Und nicht von den Studirenden allein gilt das Meiste des Gesagten: wie viele junge Handlungsbeflissene, Künstler, Oekonomen u. s. w. giebt es doch, die nicht weniger in den Tag hineinleben und wie viel berichten nicht täglich die Zeitungen aus diesen Kreisen über leichtsinnig ausgestellte oder gar — gefälschte Wechsel, über Cassenangriffe und Geldunterschlagungen — Dinge, die gewöhnlich die Folge von Ausgaben sind, welche die Einnahmen weit übersteigen?

Man sage nicht, daß dies nicht hierher gehöre — um die Frauen und ihr Loos richtig beurtheilen und auf eine Neugestaltung mancher Verhältnisse dringen zu können, muß man sie eben an der Seite der Männer betrachten. Man muß zuerst das Verhältniß der Geschwister zu einander sich klar machen. Die Empfindungen einer Schwester, die den Bruder in den Tag hineinleben sieht und da, wo er auch noch in derselben Lage ist wie sie, d. h. in der der Erwerbsunfähigkeit, doch täglich für Cigarren, Bier und andere entbehrliche Dinge mehr ausgiebt, als sie wöchentlich, vielleicht monatlich zu ihrem Taschengeld erhält — und dabei das Bewußtsein, daß ihm alle Mittel geboten werden sich Kenntnisse, einen Wirkungskreis, eine selbstständige Stellung dereinst zu erobern, indeß sie einen Tag wie den andern nutzlos dahin lebt in steter Beschränkung ohne Zweck und Ziel — diese Empfindungen kann man sich denken!

Es giebt nur ein Ziel für das Mädchen! hat man ihr gesagt und es ist eben verzeihlich, wenn sie danach greift.

Und nun sind wir wieder am Anfang dieses Abschnittes. Das Mädchen ist im Begriff in die Ehe zu treten und wir wollen annehmen, es sei nicht nur der Wunsch das Elternhaus zu verlassen, nicht egoistische Berechnung — es sei Liebe, was sie zum Altar führe und Liebe sei es auch, was den Mann bestimme ihr seine Hand zu reichen — sind sie sich auch ihrer Aufgabe klar bewußt und haben sie beide Kraft und Ausdauer genug, wirklich ihren hohen Beruf zu erfüllen, sind sie vorbereitet auf denselben?

Als Johann Heinrich Voß, der Verfasser der Idylle „Luise" seine Ernestine heirathete, hatte das Paar eine aus Stube und Kammer bestehende Wohnung nur mit den allernothdürftigsten Möbels versehen — Voß dichtete an demselben Tische, an dem Ernestine nähte oder die Vorbereitungen zur Mahlzeit traf. Als es ihnen, nachdem sie schon einige Zeit verheirathet waren, möglich ward sich den ersten Schrank anzuschaffen, so ward seine Ankunft wie ein glückliches Familienereigniß gefeiert. In solchen beschränkten Verhältnissen lebte einer der ersten Gelehrten und Dichter seiner Zeit — wo sind jetzt die Schriftsteller, die, um schaffen und arbeiten zu können, nicht ihr eignes abgeschloßnes Zimmer brauchten und wo sind die Ernestinen, die eine solche Häuslichkeit erträglich finden? Nicht die Liebe, nur der genügsame Sinn von damals ist abhanden gekommen, nur die Gewohnheiten sind andere geworden. Der Fortschritt hat es so mit sich gebracht und es ist gut so. Die Liebe von heutzutage würde trauern, ihren Gegenstand in einer ärmlichen, wohl gar unwürdigen Umgebung zu sehen — und wenn uns jene Liebe in ihrer Behaglichkeit in den kleinsten Verhältnissen, in ihrem heitern Ertragen aller Entbehrungen etwas unendlich Rührendes hat, so vermögen wir doch mehr mit der Liebe zu sympathisiren, die ihre ganze Kraft einsetzt, um dem geliebten Gegenstand von den Annehmlichkeiten des Lebens wenigstens das zu verschaffen, was das häusliche Behagen erhöhen kann. Und so mögen denn Beide, Frau und Mann, zugleich Arbeit und Streben miteinander theilen.

Wenn man in früheren Zeiten feststellte: der Mann muß erwerben, die Frau erhalten, so hatte dies seine vollkommene Berechtigung. Eine Hausfrau von ehemals hatte allerdings viel zu thun und in jedem Hausstand waren weibliche helfende Hände willkommen. Alle die unzähligen Bedürfnisse für die Hauswirthschaft, für deren Herstellung jetzt die Industrie, die Fabrikation sorgt, mußten sonst im Hause selbst beschafft werden. Man buk, schlachtete, wusch im Hause, man pökelte und räucherte das Fleisch und bewahrte alle Arten Früchte und Gemüse für den Winter auf, jegliches nach seiner besonderen Weise. Man sott die Seife selbst und es gehörte zu all' diesen und andren häuslichen Verrichtungen so viel Umsicht, Aufsicht und Mühe, daß es wirklich für jeden Mann von Werth sein mußte eine Hausfrau zu bekommen, welche alle diese Dinge auf's Beste und Billigste zu ordnen verstand. Es gab da in der That durch sie in einer Wirthschaft viel zu erhalten und auch viel zu erlernen, ehe sie sich in dieselbe begab — aber jetzt, wo derartige Wirthschaften nirgend mehr existiren und wo es ein lächerlicher Luxus wäre sie noch führen zu wollen, — jetzt sind die Töchter im Hause ohne Beschäftigung und hat die Hausfrau, die keine Kinder und nicht zufällig durch das Geschäft ihres Mannes oder Pensionaire und dergleichen einen größeren Wirkungskreis hat, so unendlich wenig zu thun, daß es ihre Pflicht ist, die frei gewordene Zeit, die einst ihre Mutter und Großmutter zum Erhalten in der Wirthschaft brauchte, nun auch zu einer nutzenbringenden Thätigkeit zu verwenden. Gegenwärtig aber ist eine Frau in der That ein Luxusartikel geworden, das Dienstmädchen hat ausreichend Zeit, die kleine Wirthschaft allein zu besorgen und die Frau wird höchstens das Bewußtsein haben, ihrem Gatten sein Lieblingsgericht nach seiner Weise — die endlich aber auch der Dienerin beizubringen ist — zuzubereiten und seine Wäsche auszubessern; schon die Genugthuung ihm dieselbe zu nähen, die ihr früher noch ward, hat sie nicht mehr, denn die Arbeit der Nähmaschine verdrängt die Handarbeit — auch diese wird zum Luxus, wenn die darauf verwendete Zeit sich besser verwerthen läßt. — Was für eine Vorbereitung gehört denn also dazu einen so einfachen Haushalt zu führen, daß ihr die schönste Jugendkraft gewidmet werden müßte? Ein Mädchen, bei dem Verstand und Gemüth allseitig gebildet sind, das den Willen hat aus Liebe zu dem Gatten und aus Ehrgefühl und Pflichttreue eine gute Hausfrau zu sein, wird sich in diese ganze Kunst mit Leichtigkeit finden; schwerer mag es immerhin werden auch die Pflichten der Mutter in ihrer ganzen Größe zu erfüllen, ohne vorher darauf vorbereitet zu sein. Indeß geschieht diese Vorbereitung auch meist gar nicht, höchstens durch die Praxis und Empirie des Zufalls da, wo ein erwachsenes Mädchen noch kleine Geschwister bekommt oder wo es einer älteren Schwester in der Pflege der Kinder beisteht. Es herrscht eben auch hierbei die ganze Planlosigkeit der weiblichen Erziehung: Alles wird den Zufälligkeiten der Verhältnisse überlassen, ein leitendes Princip ist nirgend zu entdecken. Im Allgemeinen verläßt man sich auf den Grundsatz: wem der Himmel ein Kind giebt, dem giebt er auch die Fähigkeit es zu erziehen — und die Erfahrung lehrt doch oft genug gerade das Umgekehrte! Das erste Kind einer Mutter ist, wie Virchow sagt, gewöhnlich ihr „Probekind," sie lernt erst an ihm, wie man ein Kind zu pflegen und mit ihm umzugehen hat, sie tastet bei seiner körperlichen und geistigen Pflege ganz im Unklaren umher — und am Ende läßt auch sie den Zufall entscheiden, sich vielleicht damit tröstend, daß die hilflosen Kleinen in Gottes besonderer Obhut stehen!

Fern sei es trotzalledem, daß wir uns etwa selbst so widersprechen und nun mit Göthe sagen wollten, man solle die Mädchen zu Müttern erziehen, nachdem wir gleich Anfangs erklärt haben, daß die Hälfte der Mädchen das niemals werde, worauf man allein sie anweisen wolle und daß es Barbarei sei etwas, was möglicher Weise niemals erreicht werde, als einziges Lebensziel hinzustellen. Wir wollten nur zeigen, daß man in der Gegenwart die Mädchen eigentlich auf gar nichts vorbereitet, nicht einmal auf das, was man ihre „Bestimmung" nennt und womit man sich entschuldigt, daß sie auf nichts Anderes vorbereitet werden.

Wir aber halten es für Pflicht jeder Familie, die Mädchen so gut wie die Söhne vor allen Dingen zuerst zu brauchbaren, guten und edlen Menschen zu erziehen und dazu nicht den Einen die Mittel zu versagen, die man den Andern gewährt.

Jedes liebende Paar hat die moralische Verpflichtung, nicht eher eine Familie zu gründen, bis es gewiß ist über die Mittel verfügen zu können, sich selbst und andere Glieder dieser Familie zu erhalten. Dazu bedarf es keiner Reichthümer, keines Kapitals, das oft nur zu bald in alle Winde verflattert — dazu bedarf es nur des Willens für und miteinander zu arbeiten, irgend einer für die Bethätigung dieser Arbeitskraft gewonnenen Basis und des Entschlusses, seine Bedürfnisse nach seiner Arbeitskraft zu richten, und es wird gelingen nicht nur selbst sich in einer menschenwürdigen Existenz zu behaupten, sondern auch die Kinder zu einer solchen zu erziehen. Dies Ziel wird natürlich um so eher erreicht werden, wenn nicht allein der Mann erwirbt, sondern wenn die Frau ihm mit erwerben hilft, wenn die Arbeit fort und fort das Grundprincip des Hauses bleibt und keine müßigen Hände in ihm geduldet werden.

Und so, wenn wir es zur Pflicht einer jeden Familie machen, nicht nur ihren Söhnen, sondern auch ihren Töchtern durch Erziehung und Vorbildung zu irgend einem sie nährenden Beruf eben sowohl den idealen Aufschwung eines selbstbewußten Strebens als die Beruhigung zu geben, sich selbst durch eigne Kraft Unterhalt und Stellung im Leben erringen zu können, ohne beides fortgesetzt Andern danken zu müssen, werden sich auch die Zustände bald so gestalten, daß die Frauen ausreichend Gelegenheit finden, das zu bethätigen, wozu sie erzogen sind.

Die Familien sind es ja, welche den Grundpfeiler der socialen Ordnung und des Staates bilden — was in ihrem Schoos beschlossen worden, zur Geltung gekommen ist, das gelangt auch allmälig in den herrschenden Zuständen zur Geltung, und wir werden in dem Folgenden sehen, wie die schon erwähnten Unzulänglichkeiten des weiblichen Erwerbs allmälig zu überwinden sind, wie die Frauen zur Selbsthilfe schreiten und wie ihrer Arbeitskraft immer neues Terrain erobert wird.

IV.
Selbstständigkeit.

Selbstständig kann schon dem Sprachgebrauch nach nur sein, wer selbst zu stehen vermag, d. h. wer sich selbst auf seinen eigenen Füßen und ohne fremde Beihülfe erhalten kann.

Den Frauen zu dieser Art der geforderten Selbstständigkeit zu verhelfen ist der wichtigste Schritt — für alles Uebrige brauchen wir dann kaum noch weitere Forderungen zu stellen, kaum zu kämpfen — es wird von selbst folgerichtig kommen.

Freilich werden sich durch den Grundsatz, der jede Frau für selbstständig erklärt, welche die Fähigkeit besitzt sich selbst zu ernähren, — ein Grundsatz, der sich ganz von selbst durch die erweiterten Gelegenheiten, von einer solchen Fähigkeit immer besseren Gebrauch zu machen, in das bürgerliche Leben einführen wird, — auch die bürgerlichen Gesetze modeln müssen. Denn — diese gebieten nicht über die Verhältnisse, sondern sie unterliegen ihnen: d. h. wenn der Fortschritt mächtig genug geworden, neue Gesetze und Gerechtsame für diese und jene Einrichtung zu erheischen, werden dieselben auch in's Leben gerufen, nicht durch brutale Willkür, sondern durch den gereiften Volkswillen, der das überlebte Alte nicht mehr duldet und das bessere Neue zur Geltung bringt, wenn auch langsam und kämpfend, nur Schritt vor Schritt, das neue Gebiet erobernd. So gut wie der Zunftzwang allmälig überall fiel, als er sich überlebt hatte und die Gewerbefreiheit an seine Stelle trat, so gut wie überall die Zoll=

schranken fallen, so gut werden auch alle die Schranken allmälig beseitigt werden, welche jetzt noch die Frauen in ihrer Selbstständigkeit, in ihren Rechten beschränken, sobald man nur einmal eingesehen hat, daß die Frauen verdienen selbstständig zu sein, weil sie es sein wollen und durch eigene Kraft sich schon dasjenige Maaß davon selbst errungen haben, das man ihnen nicht gewaltsam vorenthielt. Und so wird sich vorerst auch die Stellung der Frauen im täglichen Verkehr etwas anders gestalten müssen, als sie jetzt im Allgemeinen noch ist.

Wir haben uns dabei mehr mit den gebildeteren Ständen zu beschäftigen. Denn nur in ihnen gilt es noch häufig als Norm, daß ein junges Mädchen stets unter den Augen der Mutter leben müsse, daß es nicht ohne ihre oder irgendwelche Begleitung eines älteren Wesens sich auf der Straße zeigen dürfe; auch von der verheiratheten Frau wird es häufig unpassend gefunden, wenn sie ohne Beisein ihres Mannes mit andern Männern redet oder für sich allein spazieren geht, selbst die Wittwe, selbst das alternde Mädchen erregen Befremden, wenn sie es wagen, allein spazieren, in irgend ein Concert, wo man ohne Sperrsitz Platz nehmen muß, oder in irgend ein öffentliches Gartenlocal zu gehen, und das Alleinreisen der Damen ist erst seit neuester Zeit — Dank dem Beispiel der in dieser Beziehung vorurtheilslosen Engländerinnen und den gar zu vermehrten Reisegelegenheiten! — nichts ganz Unerhörtes mehr, wird aber von vielen Seiten noch immer bedenklich gefunden. Man läßt es allenfalls gelten, wenn eine Dame allein von Süd- nach Norddeutschland oder umgekehrt reist, um daselbst Bekannte zu besuchen oder mit irgend einem bestimmten Zweck — daß sie aber allein reist um zu reisen, eine Rhein-, Schweiz-, oder welch andre Gebirgsreise immer zu machen, das findet man eben nicht sehr passend. Soll die Verwunderung darüber nur ausdrücken, daß es langweiliger sei eine Vergnügungsreise allein zu machen als an der Seite eines befreundeten Wesens, so müßte man auch über den Mann sich wundern, der eine solche Reise allein unternimmt — aber das geschieht durchaus nicht. Und dabei sollte man doch bedenken, wie gerade unter Männern die Kameraderie so viel leichter ist wie unter Damen, wie viel schneller zwei Männer sich ohne gêne zusammenfinden und sich aneinander schließen als Damen, denen schon das angeborne Zartgefühl nicht gestattet z. B. ein Zimmer mit einer Dame zu theilen, die nicht ihre intimste Freundin ist u. s. w. Wozu noch kommt, daß es wenigstens zur Zeit noch viel weniger selbstständige Damen giebt als Männer, welche die Mittel zu einer Vergnügungsreise erübrigen können — Mittel, nicht groß genug um etwa eine Begleiterin frei zu halten — und daß darum auch viel seltener zwei befreundete Damen zugleich Reisepläne und noch dazu dieselben haben, wie zwei befreundete Männer. Und doch giebt es kein reineres, kein zugleich dauernderes Vergnügen als das, welches eine Reise zu gewähren vermag. Denn die schönen Eindrücke, die wir durch die Wunder der Natur und die Werke der Kunst empfangen, bleiben uns für's Leben und die Erinnerung daran wird durch nichts getrübt, wie es so oft die Erinnerungen an andere glückliche Stunden und Zeiten werden, wenn die Personen, mit denen wir sie verlebten, uns geraubt sind, sei es durch den Tod, sei es durch Wandlungen noch bittrerer Art. Und darum sind auch jetzt gerade mit vollem Recht ältere alleinstehende Damen so viel auf Reisen, weil sie dabei ein Glück empfinden, das auf keiner Täuschung beruht und vielleicht die einzige Entschädigung für ein berufsloses Leben ist. Aber selbst solche Damen, die Jugend und Schönheit und alle Ansprüche derselben hinter sich haben, daß man sie allenfalls ruhig ohne Begleiterin reisen sieht, dürfen es kaum wagen mit einem Begleiter zu reisen — obwohl es doch so natürlich wäre sich für fremde Gegenden und gegen fremde Menschen, mit denen das Reiseleben in Berührung bringt, einen Beschützer zu wünschen — es werden sich immer noch Splitterrichter finden, die das als unpassend bezeichnen, was doch gerade das ganz Passende wäre, da wir ja die Männer ohne Widerrede als das „starke Geschlecht" bezeichnen, als die naturgemäßen Beschützer des weiblichen! Es bürgt keineswegs für die Sittlichkeit einer Nation oder Gesellschaft, wenn man in den natürlichsten und einfachsten Dingen etwas Anstößiges findet! wenn man jedes Zusammenkommen von Personen zweierlei Geschlechts beargwohnt, jede Freundschaft zwischen ihnen — selbst dann, wenn beide schon Jugend und Liebe hinter sich haben – als ein unpassendes Verhältniß bespöttelt, wohl gar als ein unsittliches dargestellt und verurtheilt. Solche Verurtheilungen und Beargwohnungen, die namentlich in Deutschland zur Tagesordnung gehören, zeigen nur, was es mit den schönen Redensarten von den Männern als den natürlichen „Beschützern" des weiblichen Geschlechts, der reinen Jungfräulichkeit, die ihre sicherste Waffe in sich selbst hat, der innern Würde der Frauen denn eigentlich für eine Bewandtniß hat! All' dem entgegen sagen solche Beargwohnungen, die meist zu den niedrigsten Verleumbungen wachsen: die Männer sind nicht die Beschützer der Frauen, sie sind ihre Verfolger und gerade gegen sie ist Schutz vonnöthen — die Jungfräulichkeit hat keine andere Waffe als die der Flucht, des Versteckens hinter Schloß und Riegel — die Würde der Frauen ist keine innere, die überall sich gleich bleibt, sie ist nur eine äußere, an die Niemand mehr glaubt, sobald der für ihre Aufrechterhaltung nöthige Apparat: häuslicher Heerd, Familie und Geschlechtsgenossinnen, einmal nicht mehr an ihrer Seite ist!

Die gerühmte Sittsamkeit der deutschen Mädchen und Hausfrauen erscheint sonach als nichts Anderes als das Resultat eines stets auferlegten Zwanges, des Fernhaltens jeder Gelegenheit dawider zu verstoßen — sie ist im besten Falle die Unschuld eines ungeprüften, stets beaufsichtigten Kindes, das die Mutter nicht eher von ihrer Hand los ließ, bis sie ihr Aufsichtsrecht einem Gatten übertragen konnte — im schlimmeren das erzwungene Product einer fast unerträglich befundenen Sklaverei, das sofort vernichtet ist, wenn das gewaltsam aufgezwungene Joch einmal gebrochen wird — in keinem Falle aber ist sie die Tugend eines selbstständigen Wesens, das jeder Leitung und Aufsicht entbehren kann, weil es seiner selbst gewiß ist.

Dasselbe Beispiel, das wir bei den Jünglingen erleben, die z. B. im geschlossenen Pferch einer klösterlichen Schule sechs Jahre lang durch Zwang moralisch und fleißig erhalten worden sind, dann, wenn die Fessel gebrochen, auf der Universität das flotteste und faulste Leben führen, indem andere, die diesen Zwang nicht kannten, ruhig in den einmal eingeschlagenen besseren Gewohnheiten verharren, das sehen wir auch bei den Mädchen. Diejenigen, die schon immer ein richtiges Maaß von Freiheit genossen, wissen sich auch in ein freies Leben, das ihnen vielleicht durch den Tod der Mutter oder irgend einen Kunstberuf oder einen vorurtheilslosen Gemahl wird, mit jenem weiblichen Takt zu finden, der doch nicht allein angeboren ist, sondern das Resultat wirklich guter Erziehung und eines selbstständigen Charakters, der sich nur bei ihm gelassener Freiheit entwickeln kann, indeß diejenigen, die fortwährend in ängstlicher Obhut und strengster Beaufsichtigung gehalten wurden, nun diese wegfällt, die plötzliche Freiheit leicht mißbrauchen und in vollständiger Haltungslosigkeit durchs Leben taumeln, weil man ihnen bisher nur durch Verhältnisse und Personen einen äußern Halt, nie aber einen innern gegeben.

In Amerika — das als so materialistisch und nur die Praxis des Lebens beobachtend verschrieen und dem man so gern den idealistischen Ruf Deutschlands und seiner Söhne und Töchter triumphirend entgegenstellt — in Amerika erzieht jede Mutter ihre Tochter so, daß sie dieselbe **ohne jede Gefahr** allein nicht nur mit andern jungen Mädchen, sondern auch mit jungen Männern verkehren lassen kann. Wenn dort ein junges Mädchen eine Freundin besucht, so wird es ganz natürlich gefunden, daß sie Abends ein junger Mann ihrer Bekanntschaft dort abholt, da sie durch die große Stadt nicht allein gehen kann (nicht weil sie dort „feine Herren," wie bei uns, insultiren würden, sondern weil sie fremdes Gesindel oder Indianer anfallen und berauben könnten) und eben so oft geschieht es, daß er dann noch mit bei den Ihrigen (auch ohne daß die Eltern dabei sind) einkehrt und sich erholt, ehe er allein zurückgeht. Was würde man dazu in Deutschland sagen! Die Amerikanerin weiß sich so zu betragen, daß sich kein Mann die geringste Unziemlichkeit gegen sie zu erlauben wagt und wollte er es thun, so würde er ein für allemal aus der guten Gesellschaft ausgeschlossen und mit der Verachtung Aller, die von seiner Ungezogenheit erführen, bestraft werden. Für das Mädchen aber, das **von Niemandem bewacht** wird, sondern sich allein bewacht, giebt es keine größere Schande, als wenn sich ein Mann eine Zudringlichkeit gegen dasselbe erlauben konnte — kein Mädchen, das nur irgendwie auf Bildung und guten Ruf Anspruch macht, wird so leicht in diese Gefahr kommen, denn kein

Mann ist ehrlos genug die Schutzlose derselben auszusetzen — und wie ist es dagegen in unserem Deutschland, in dem man sich so viel auf Moral und patriarchalisches Familienleben zu gute thut? Das gegenseitige Isolirungssystem beider Geschlechter, wie es bei uns in Deutschland immer mehr sich ausgebildet hat, ist gewiß nicht der Weg die Sitten zu verbessern. Kommt man nicht mehr in harmlosem geselligen Verkehr zusammen, vereinigt man sich nicht, um miteinander seine Ansichten und Erfahrungen auszutauschen, so wird jedes Geschlecht sich gerade in seinen schlechteren Eigenthümlichkeiten verknöchern und man wird sich immer weiter von dem wahren Menschheitsideal, das eine Vereinigung der besten männlichen wie der besten weiblichen Eigenschaften und Kräfte ist, entfernen, ja man wird dahin kommen (wo man in der That schon theilweise ist!) daß die Männer in den Frauen nichts sehen als Spielzeuge für ihre Sinnlichkeit und die Frauen in den Männern nur eine passende Partie für sich selbst oder für ihre Töchter. Darauf basirt so ziemlich die jetzige deutsche Geselligkeit, die kaum noch einen andern Zusammenkunftsort für Damen und Herren kennt als den Ballsaal, in den die Mädchen geführt werden, um erst einen Tänzer und dann einen Mann zu erobern, und in dem blasirte Männer sich lieber suchen lassen, als selbst suchen.

Sind die Mädchen und Frauen nur auf die Unterhaltung ihres eigenen Geschlechts angewiesen, so verfallen sie, namentlich wenn ihnen ein ernsterer Beruf fehlt, in jene Seichtheit und Kleinlichkeitskrämerei, in der so viele geistig befähigte Frauen aus Mangel an jeder Anregung untergehen, während die Männer im gleichen Falle zur Rohheit verwildern und am Ende jede Fähigkeit nicht nur zur Unterhaltung mit einer Dame, sondern auch zum Verständniß eines weiblichen Wesens verlieren. Sind beide Geschlechter einmal in einen solchen Zustand gekommen, so ist es ganz natürlich, daß sie einander, einen flüchtigen, nur auf äußerliche, nicht auf geistige Eigenschaften gegründeten Liebesrausch abgerechnet, gar nichts mehr zu sein vermögen und weder in noch außer der Familie ein Bedürfniß nach würdigem Verkehr miteinander empfinden.

Auch um diesen edler zu gestalten, ist die größere Selbststän=

digkeit der Frauen vonnöthen. Wir wünschen deshalb nicht etwa, daß sie den Männern (wie es leider auch schon hier und da geschieht) in die öffentlichen Restaurationen folgen und dort in einer Atmosphäre von Cigarrenrauch, Wein= und Bierdunst, sich in die oft sehr weniger baulichen Wirthshaus=Gespräche und =Witze der Männer mischen — jedenfalls kann jede Frau daheim bei einer anregenden Lektüre, angenehmen oder nützlichen Arbeit oder im Kreise ihrer Kinder ihre Zeit besser verbringen, aber wir wünschen, daß sie es vermöge den Mann wenigstens zuweilen an eine durch ihr vorsorgliches Walten verschönte Häuslichkeit zu fesseln, daß sie ihm in jeder Beziehung das nächste Wesen auf der Welt sei, also auch das, mit dem er seine Berufs= und öffentlichen Angelegenheiten zuerst und am liebsten berathe. Nur solche Ehen sind für uns sittliche und glückliche, in welchen die Gattin die Freundin und gleichsam das Gewissen ihres Gatten ist, wie er das ihrige, wie er ihr Freund. Ein Mädchen, das zur Selbstständigkeit erzogen, wird keine andere Stellung im Hause einnehmen, es wird nicht die bloße Haushälterin, noch die Puppe, noch die Leibeigene und Sklavin des Mannes sein — es wird den Platz an seiner Seite dadurch zu verdienen wissen, daß es seine Interessen theilt, seine Bestrebungen versteht und wo sie es vermag, dieselben mit zu den ihrigen macht.

Die Zeit eines patriarchalischen Familienlebens können wir allerdings nicht wieder heraufbeschwören, wie es noch zur Zeit unserer Großeltern gewesen sein mag, als sich das ganze Leben noch mehr auf das Haus beschränkte und die herrschende Einfachheit wie Wohlfeilheit des Lebens eine größere Gastfreundschaft gestattete. Damals war man überhaupt mit allen seinen Vergnügungen, namentlich aber mit der ganzen Geselligkeit mehr auf das Haus angewiesen. Das Reisen war noch eine so zeitraubende, beschwerliche, jedenfalls kostspielige Sache, daß nur die wenigsten Personen es sich gestatten konnten. Wenn getrennt wohnende Verwandte oder Freunde einander einmal aufsuchten, so war dies ein Ereigniß, dem zu Ehren man gewöhnlich alle möglichen Familienfeste veranstaltete, sie wurden im eignen Hause untergebracht und so lange wie möglich behalten. Nur auf ein paar Tage zu kommen wog ja auch die Strapazen und

Kosten der Reise nicht auf, man kam dann gleich auf Wochen und brachte so seine Ferien bei den Gastfreunden zu. Dampfwagen, Dampfschiffe, Omnibusse und all' diese erleichternden Verkehrsanstalten, welche die Eisenbahnen nur als Corridore erscheinen lassen, die aus einem Zimmer in das andere führen, gab es nicht und wer nicht mit eignen oder noch theureren Miethequipagen einen Ausflug von einem Tag oder Nachmittag machen konnte, mußte zu Hause bleiben oder sich auf die Punkte beschränken, die er mit seinen Füßen erreichen konnte. All' das Geld, was jetzt des Sonntags auf den Extrafahrten der Dampfwagen und Schiffe verthan wird — und die statistischen Angaben derselben, der Einnahmen, welche die Wirthe ja überall an den auf diesen Wegen zu erreichenden Punkten machen, noch gar nicht zu gedenken, weisen es nach, daß dies nicht wenig ist — alle diese Vergnügungsausgaben fielen sonst weg und wenn man sich die Mühe nehmen wollte es auszurechnen, würden die Summen, welche jetzt auf diese Weise im Kleinen verausgabt und im Großen verschlungen werden, gewiß nicht nur nicht kleiner sein als diejenigen waren, die man sonst auf häusliche Geselligkeit verwendete, sondern sie würden auch unter den jetzigen Verhältnissen ausreichen eine sehr respectable herzustellen. Indeß, der Geist der Zeit drängt einmal aus dem Hause und seiner Beschränktheit hinaus in den Strom des Lebens, der Einzelne verläßt seine Gesondertheit und begiebt sich unter die Menge, Jeder denkt nur daran wie er sich selbst, nicht wie er Andere unterhalte, der Einzelne begiebt sich unter die Gesammtheit und verfolgt doch in ihr nur sein Einzelinteresse wie jeder Andere neben ihm — möge man denn auch eben so die Frauen das Ihrige verfolgen lassen. Der Dampf und die Eisenbahnen haben eine nivellirende Macht — hier sind in Wahrheit Alle **gleich** und das möge man für alle Verhältnisse des Lebens berücksichtigen.

Und damit ist uns nicht nur die patriarchalische Gastfreundschaft unsrer Voreltern, sondern es sind auch so ziemlich jene ästhetischen Cirkel und Salons verloren gegangen, in denen sich sonst die Geistreichen und Gebildeten beider Geschlechter zusammenfanden. Auch sie sind nicht wieder in's Leben zu rufen, weil der gesteigerte Luxus und alle damit verbundenen Ansprüche solche Ausgaben nur noch den reichen Leuten gestatten — und die reichen Leute nicht immer diejenigen sind, die den „Geist" selbst in sich tragen oder doch um sich zu haben wünschen. Wir könnten freilich auch hierbei sagen wie bei den Reisen und Extrafahrten, daß wenn manche Familien das, was sie in Restaurationen verthun, darin eben nicht verthun wollten, sie für das nämliche Geld sehr wohl zuweilen einen kleinen Kreis von Bekannten und Freunden bei sich sehen könnten. Aber nicht die Gesellschaft allein — das gemeinschaftliche Wirken im Dienst des Allgemeinen ist es, in dem die neue Zeit zu fordern hat, daß Männer und Frauen einander darin begegnen, im vereinten Streben sich zur Seite stehen. Ein solches gemeinschaftliches Wirken, wo es der Beruf der Einzelnen mit sich bringt, muß in allen Consequenzen zu erreichen sein, ohne daß die Männer es wagen dürfen, ja nur den Trieb dazu in sich spüren, über die Frauen zu witzeln, die sich ihnen durch ihre Fähigkeit und ihr Wirken ebenbürtig zur Seite stellen. Die kleinliche Schüchternheit der Frauen muß dem Gefühl ihrer Selbstständigkeit weichen und die Männer müssen sie als ihre Collegen ehren, ohne die Rücksichten aus den Augen zu setzen, die sie dem schwächeren Geschlechte schon nach den Gesetzen der Natur schuldig sind.

Wir sind ganz und entschieden dagegen, wenn eine Frau, selbst an der Seite ihres Mannes — und nun gar wenn Frauen allein oder überhaupt Mädchen es thun wollten — jene Stadtrestaurationen besucht, welche allabendlich die Unterhaltungsstätten der Männer sind. Wir sprechen natürlich nicht von den Orten, die nur der Ziel= und Ausruhepunkt eines Spazierganges sind, sondern von jenen Lokalen, in denen die Männer zusammenkommen um ihre Abende hinzubringen. Wenn wir auch weit entfernt sind etwa dagegen zu eifern daß die Männer dies thun, — obwohl wir es, namentlich bei verheiratheten Männern, nicht schön finden wenn es täglich geschieht, einmal weil eben die Traulichkeit des Ehe= und Familienlebens darunter leidet, dann aber auch, weil so mancher Mann allein durch das Kneipenleben seine Gesundheit und seine Finanzen gründlich ruinirt hat, — so finden wir es doch in der Ordnung, daß der Mann zuweilen an solchen Orten ungenirt mit seinen Freunden verkehre, daß er Be=

kannte und Freunde dort treffe, die er wo anders nicht sehen könnte. Es sei ihm immerhin Bedürfniß in solcher Weise mit seinen Geschlechtsgenossen sich zusammenzufinden, wie es den Damen ja auch Bedürfniß ist sich zuweilen im traulichen Kreise mit ihren Freundinnen zu begegnen. Aber wenn die Damen die Männer dahin begleiten, wenn sie auch so ihr Vergnügen a u ß e r dem Hause suchen und noch dazu an Orten, welche die Männer gerade darum gern betreten, weil sie sich in ihnen frei von jedem Zwang, jeder Rücksicht wissen, weil sie dort Niemand geniren und eben so wenig vor Jemand sich geniren wollen — so finden wir darin allerdings etwas der weiblichen Natur ganz Zuwiderlaufendes sich mit in solche Gesellschaft zu begeben, wo sie gewissermaßen nur die Geduldeten sind und wo es nicht — wie in ihren Privatkreisen -- in i h r e r Hand ist den herrschenden Ton zu regeln und Hüterinnen der Sitte zu sein. Als vor ziemlich zwei Decennien die Frage der Frauenemancipation zuerst discutirt ward, suchten einige Damen bekanntlich die Bethätigung darin, daß sie die Schranken zarter Sitte übersprangen und es — nicht im Ernst des Strebens und der Arbeit, sondern nur in äußeren Gewohnheiten und Sitten — den Männern gleich zu thun suchten. Sie verbrachten in der Mitte derselben Tag- und Nachtstunden in solchen öffentlichen Lokalen, sie rauchten und tranken mit ihnen um die Wette, kleideten sich zuweilen auch wie sie und ahmten wie gesagt das männliche Geschlecht und zwar nicht einmal in seinen guten Sitten, sondern nur in seinen Unsitten nach. Ein solches Gebahren brachte für lange Zeit die ganze Sache der Frauenemancipation in Mißcredit und wenn man über dieselbe schreiben will, hat man immer noch nöthig, sich gegen jenes Gebahren zu erklären und zu verwahren. Wie im Allgemeinen, so auch in diesem besonderen Falle. Wir wollen, daß die Frauen den Männern ebenbürtig und gleichberechtigt zur Seite stehen, aber nicht, daß sie je dabei ihre Weiblichkeit verläugnen, noch irgend eine Verletzung derselben dulden. Und um das nur an einem Beispiel zu zeigen: wir mißbilligen es, wenn sich eine Dame da, wo es sich nur um Vergnügen und Unterhaltung handelt, unter die Männer drängt und zu diesem Zweck öffentliche Lokale besucht — aber wenn sie das letztere

thut durch die Umstände und ihre Berufsverhältnisse genöthigt, so finden wir durchaus nichts Unpassendes noch Unweibliches darin und ist dies nur eine Consequenz derjenigen Selbstständigkeit, welche wir anstreben. Wenn z. B. ein Mädchen durch ihren Beruf aus dem Hause geführt wird, so wird es nicht nur einen vielleicht weiten Weg zu den verschiedensten Tageszeiten allein zurückzulegen haben, sondern es wird vielleicht auch nöthig sein, daß es, um Zeit und Weg zu sparen, das Mittagbrod außer dem Hause einnimmt. Es muß Sitte werden, daß sie das in jedem anständigen Lokal, das an ihrem Wege liegt und dessen Speisekarte und deren Preise ihren Verhält=
nissen entsprechen, thun kann, ohne deshalb verwunderten Blicken zu begegnen, die sie wie eine Landstreicherin betrachten. So gut sie das in jedem Badeort thun kann, muß sie es auch in ihrem Wohnort thun können. In Städten mit starkem Fremdenverkehr, wie z. B. Dresden, ist es auch bereits ganz üblich geworden, daß allein=
stehende Damen allein außer dem Hause speisen, es giebt da so=
gar mehrere Restaurationen mit besondern Damenzimmern und Da=
men = table-d'hôte, aber es fällt auch Niemandem auf, wenn einzelne Damen an Tafeln erscheinen, wo eine aus Herren und Damen ge=
mischte Gesellschaft zu speisen pflegt, denn man ist eben daran von beiden Seiten gewöhnt — in vielen andern deutschen Städten aber, selbst größeren Residenzen, ist man noch nicht so weit vorge=
schritten. Ebenso hat man dort Conditoreien, Caffé's und Conzerte, die, weil der Tabacksrauch aus ihnen verbannt ist, vorzugsweise das weibliche Geschlecht anziehen und deshalb auch von jeder Dame allein besucht werden können, ohne daß sie sich einer Mißdeutung aussetzt.

All' dies setzt eben auch schon eine ökonomische Selbstständig=
keit des weiblichen Geschlechts voraus, welche ganz naturgemäß mit dem Recht desselben auf Erwerb zusammenhängt. Weil die frühere Zeit ein solches nicht kannte und sogar durch die Geschlechtsvor=
mundschaft (die in Sachsen zu Anfang der dreißiger Jahre abge=
schafft ward, in vielen andern deutschen Staaten aber noch als Hohn aller Gesittung besteht) die Frauen den Kindern gleich stellte, so galt es z. B. überall für passend, daß die Damen von den Herren, nicht nur von ihren Vätern und Männern, sondern auch von Andern,

unter deren Schutz sie sich begaben, frei gehalten wurden, oder daß sie, was beinah noch empörender war und namentlich in Gartenconzerten vorkam: gar kein Entrée bezahlten. Mag es sein, daß dies ein Rest von Galanterie aus früheren Zeiten war — in der Nüchternheit der fortgeschrittenen Zeit stand diese Einrichtung in grellem Widerspruch mit der übrigen Rücksichtslosigkeit, welche man gegen das weibliche Geschlecht eingeführt hatte und stellte dasselbe auf eine Stufe mit Kindern und Hunden, welche auch das gleiche Recht hatten, in Begleitung von Herren zu erscheinen, und es kam allmälig dahin, daß man die Damen eben so ungern kommen sah wie jene, da sie nur Platz beanspruchten ohne die Einnahme zu erhöhen. So führte man denn auch hierin eine sociale Gleichstellung durch den Finanzpunkt ein — und es ist nun die weitere Consequenz, daß die Frauen, nachdem man ihnen sehr gern das Recht überall selbstständig zu zahlen zugesprochen, auch das erhalten selbstständig zu erwerben, über das Erworbene zu verfügen und noch sonst alle Rechte, die sich an das Zahlen bei den Männern knüpfen. —

Ein Mädchen, das sich einer Kunst gewidmet hat, das ein offnes Geschäft verwaltet oder darin thätig ist, das im Eisenbahn=, Post= oder Telegraphen=Bureau u. s. w. mit dem Publikum in Berührung kommt, kann selbstverständlich dabei nicht fortwährend unter der Aufsicht einer älteren Dame sein — man wird sich also daran gewöhnen müssen, ihr auch ohne dieselbe mit Achtung zu begegnen und sie wird ganz von selbst lernen eine Haltung anzunehmen, welche sie vor jeder unwürdigen Begegnung schützt. Sind auch die meisten deutschen Männer weit davon entfernt im schwächeren Geschlecht auch wirklich immer das zartere zu ehren und ihm demgemäß zu begegnen, so wird doch allgemein die Erfahrung lehren, daß die Frauen und Mädchen, die entweder aus übertriebener Schüchternheit oder Prüderie vor jeder männlichen Anrede schon wie vor einem Verbrechen zurückweichen und diejenigen, die den Männern in einer Weise entgegenkommen, die keinen Zweifel darüber läßt, daß sie ihre Aufmerksamkeit erregen möchten — auch allein den Zudringlichkeiten der Männer ausgesetzt sind, indeß diese ein zugleich sittsames aber unbefangenes Betragen, das die Frucht eines edlen Selbstgefühls ist, ganz von selbst im Zaume hält. Als Berufsgenossinnen werden die Männer die Frauen ehren, wenn sie dieselben in einem Beruf tüchtig finden — Liebe, Gefallsucht und Sinnlichkeit werden nicht mehr die einzigen Triebfedern des Verkehrs zwischen Männern und Frauen sein — man wird sich in gemeinschaftlichen Unternehmungen kennen lernen, im Streben nach bestimmten Zielen begegnen und jedenfalls wird man gegenseitig ein richtigeres Bild von einander erhalten, wenn eines das andere bei seiner Arbeit, seiner Berufsthätigkeit beobachten kann, als wenn man sich nur im gesellschaftlichen Putz im Salon vorgestellt wird. Man wird auch auf diesem Wege sich kennen und lieben lernen und glücklich verheirathen. Sollten also etwa die Heirathsluftigen beider Geschlechter bange sein, daß ihnen bei einer so veränderten Gestalt der Dinge die Gelegenheit fehlen würde, ein passendes Eheband zu schließen, so bedarf es nur einiger Ueberlegung um sich zu sagen, daß man beiderseits vielmehr vor Täuschungen und Enttäuschungen bewahrt sein wird, wenn man im Ungefähr des Geschäfts- und Berufsverkehrs sich kennen lernte statt im Ballsaal, den jedes Mädchen nur betritt um zu gefallen und wo es die gesellige Pflicht aller darin Erscheinenden ist sich einander in jeder Beziehung nur von der liebenswürdigsten Seite zu zeigen.

Der Selbstständigkeit des weiblichen Geschlechtes widersetzen sich viele Frauen und Männer nur darum, weil sie meinen das Familien- ja das Staatsleben könne darunter leiden, die Frauen könnten die schönsten Eigenschaften weiblichen Wesens verlieren wenn sie mehr als bisher zur Selbstständigkeit erzogen, wenn sie in Wahrheit selbstständig würden. Wir aber erwarten gerade das Gegentheil davon, wenn nämlich, wie schon angedeutet, die Erziehung auch eine solche ist, wie sie sein soll, eine, welche den Charakter zu unterstützen sucht und weder das Gemüth noch den Verstand einer einseitigen Ausbildung unterwirft. Gerade die Biographieen geistig hervorragender, wirklich selbstständig gewordener Frauen lehren uns, was uns auch die Erfahrung alle Tage lehren kann, daß dieselben zugleich die besten Gattinnen und Mütter waren, lehren uns, daß sie reich waren an Opfern, an Liebe und Begeisterung sowohl für einzelne ihnen nahestehende Menschen, wie für die Menschheit und ihre großen

Zwecke selbst, während es gerade die auf einen kleinen Kreis ange=
wiesenen, in Unmündigkeit gehaltenen Frauen sind, welche von dem
engherzigsten Egoismus beherrscht, der nie weiter sieht als über die
Grenzen des Hauses, zum Hemmschuh oft auch für das edelste Stre=
ben der besten Männer, ja daß sie geradezu oft zum Fluch, zum Ver=
derben derselben werden. Eine Frau, welche keine andere Welt kennt
und kennen darf als die ihres Hauses, wird auch stets beflissen sein
den Mann da zurückzuhalten, wo er im Begriffe ist diese kleinen In=
teressen denen seines Vaterlandes, seines Berufes unterzuordnen.
Sie wird ihn zurückhalten mit jenem Schein von Recht und Gewis=
sen, den gerade ihre Beschränktheit um sie gebreitet — sie wird ihm
sagen, daß er zuerst an seine Familie denken müsse, ehe er weiter
strebe, daß er pflichtvergessen handele, wenn er etwas thue was seiner
Familie d. h. seiner Stellung in Amt und Würden oder seinen Fi=
nanzen schaden könne. Und sie wird vollständig im Rechte sein so
zu urtheilen und zu handeln, so lange ihr selbst kein Verständniß auf=
gegangen ist für höhere Interessen, so lange sich ihre Familienliebe
nicht zur Vaterlands= und Menschheitsliebe erweitern konnte.

Nicht darum wollen wir das Weib aus dem beschränkten Raume
des Hauses und einem in seiner Stille geführten Traumleben hin=
austreiben in die größeren Kreise des wirklichen Lebens, damit es
seine schöneren Eigenschaften im Lärm eines realistischen Treibens
verliere: — sondern wir wollen dies gerade darum, damit es in die=
sem jene zur Geltung bringe, sich ihrer bewußt werde und nicht allein
am häuslichen Heerd, sondern auch am Opferaltar im Tempel des
Vaterlandes die priesterliche Hüterin der heiligen und heiligenden
Flamme der Begeisterung sei, ohne welche die ganze Menschheit ver=
loren ist! Denn die Fähigkeit der Begeisterung ist jenes Ewig=Weib=
liche, das wir als die schönste Mitgabe des weiblichen Geschlechts
betrachten, das Ewig=Weibliche, das nicht allein die Männer, son=
dern die ganze Menschheit höher hinanzieht zum Ziel der Vollendung.
Denn nur durch die edlere Gestaltung des Familienlebens, welches
die Grundlage des Staatslebens ist, kann dieses selbst sich in wür=
diger Weise entfalten. Nur durch das gemeinsame Wirken von
Mann und Weib, nur durch die Gleichberechtigung beider Geschlech=

ter in allen Dingen, wo nicht die Natur, die Mann und Weib
verschieden schuf, eine Grenze setzte, kann das Menschheitsideal
endlich erreicht werden, dem bewußt oder unbewußt die Völker
entgegenstreben.

Denn noch einmal sei es wiederholt: wir stellen nicht etwa die
Forderung an das Weib, daß es von der angebornen Eigenthüm=
lichkeit seines Wesens etwas ablege, sondern daß es nur Raum und
Freiheit gewinne dieselbe ganz zu entfalten, daß es nicht um jeden
Zollbreit Raum zur eignen Entwicklung, um jeden Leben und Odem
bringenden Odemzug in freier Luft erst mit dem stärkeren Geschlecht
zu kämpfen habe. Dies Recht, das jedem Geschöpfe von dem Schöpfer
zugetheilt worden, nimmt auch das Weib für sich in Anspruch und
muß es thun, will es nicht anders den Zweck des Schöpfers ver=
fehlen.

Bleibe es immerhin dem männlichen Geschlecht unbenommen,
durch körperliche Kraft und Stärke wie durch die Schärfe seines Ver=
standes und die strengere Logik seines Denkens die Welt zu regieren
— aber es lasse das weibliche Geschlecht gerade um seines Gemüths=
lebens, seiner Empfänglichkeit für alles Große und Schöne, seiner
erregbareren Phantasie und seiner emporstrebenden idealen Richtung
willen zur Mitregentschaft zu. — Mann und Weib sind aus der
Hand der Gottheit oder der Schöpfung — wie man den Ausdruck
wählen will — als zwei ebenbürtige Geschöpfe hervorgegangen; aber
die Verschiedenheit der Eigenthümlichkeit macht sich auch im Seelen=
leben geltend. Die Ausgleichung dieser Verschiedenheit ist gegeben in
der Vereinigung beider. Der Mann an sich und das Weib an sich
sind gleich bedeutende Einzelheiten, erst wenn Beide vereinigt, bilden
sie ein Ganzes. So wollte es die Weisheit der Schöpfung, die keines
dem Andern unterordnet. Bei den Bestrebungen, dem weiblichen
Geschlechte zum Rechte der jedem Wesen zukommenden Selbstständig=
keit zu verhelfen, kommt es gerade darauf an: das wahrhaft
Weibliche zu retten — nicht es zu vertilgen oder zu unterdrük=
ken, sondern es frei zu machen von einem einseitigen Verstandesdes=
potismus, wie er nach und nach von den Männern ausgebildet wor=
den, und worunter nun das weibliche Geschlecht nicht allein, sondern

der ganze bessere Theil der Menschheit leidet. Was dem Weibe von der Gottheit als Erbe übergeben worden, in seiner ganzen Macht und Heiligkeit zur Geltung zu bringen, gegen die Uebermacht einer entweder kalten oder brutalen Kraft — das sollte kein vergebliches Streben sein bei der allgemeinen Entwicklung. — Dies Ewig=Weib=liche, das jetzt nur in der Liebe der einzelnen Individuen, in der w a h r e n Liebe des Mannes zum Weibe, von jenem in diesem er= kannt, den liebenden und geliebten Mann „hinanzieht" zu höherer Veredlung, dies Ewig=Weibliche muß in den Frauen zum B e w u ß t= s e i n und in der Menschheit zur Geltung gebracht werden, damit es nicht nur die Einzelnen, sondern die ganze Menschheit hinanziehe zu höheren Standpuncten, zum Ziel der Vollendung. Ein Ziel, das nur eben dann erreicht werden kann, wenn man die Frauen nicht mehr gebannt hält im kleinen beschränkten Raum, in dem sie ver= kümmern und ihre edelsten Kräfte niemals selbst kennen und üben lernen, noch weniger sie zur Geltung zu bringen vermögen.

Also keineswegs damit die Frauen die Männer nachahmen und sich mit ihnen in einen widersinnigen Wettkampf einlassen sollen, sondern damit sie in würdiger Vereinigung in der Ehe miteinander und außer ihr n e b e n einander sich betheiligen an der Arbeit des Jahrhunderts, fordern wir eine veränderte und selbstständige Stellung des weiblichen Geschlechts.

Und um nun vom Allgemeinen wieder auf das Besondere über= zugehen, so müssen wir doch hier darauf verzichten das Thema von der Selbstständigkeit der Frauen erschöpfend zu behandeln, da wir dann hauptsächlich ihre Stellung im Staate betrachten und eine Kri= tik sämmtlicher Gesetze, mindestens der aller deutschen Staaten schreiben müßten. Haben wir nun auch auf diesen Punkt immer ein ziemlich aufmerksames Auge gehabt, so müssen wir doch gestehen, daß wir nicht alle die betreffenden Paragraphen so vieler deutschen einzelstaatlichen Gesetzgebungen mit ihren öfteren Veränderungen und verschiedenen Handhabungen so genau kennen, welche sich auf die Stellung der Frauen beziehen, daß wir sicher wären, nicht diesen oder jenen kleinen Verstoß zu begehen und daß eine genaue Darlegung weit den uns hier zustehenden Raum überschreiten würde. Wenn wir Dies und Jenes aus Preußen oder Oestreich anführen und als „deutsch" hinstellen wollten, könnten uns Lippe=Detmold oder Liechtenstein vielleicht aus ihrer eignen Gesetzsammlung eines Andern belehren — und so verzichten wir hier ganz auf dieses Kapitel. Haben wir doch die Ueberzeugung, daß es auch auf diesem Gebiet gehen wird wie auf jedem: sobald die Einzelnen ihre Erkenntniß einer Sache gewissermaßen zu einem Gemeingut gemacht, so daß die Begriffe über die Rechte und Pflichten der Frauen, die jetzt noch in einer heillosen Verwirrung sind, sich geklärt haben, sobald wird auch mit den Gesetzen, die jetzt zum Theil noch aus barbarischen Zeiten stammen und auf überwundene Anschauungen sich stützen, eine Aenderung vorgenommen werden müssen. Sie wird kommen wie eine jede gekommen: sobald sie sich als nothwendig herausstellt.

Um an ein Beispiel zu erinnern: In Nürnberg herrschte im Mittelalter zur Zeit der Kunstblüthe der berühmten Stadt bekanntlich die größte Gesittung und Bildung im Verhältniß zu den andern deutschen Städten. Und selbst in diesem Nürnberg war es Sitte, daß wenn der hohe Rath bei irgend einer Feier im Bankettsaal des Rathhauses ein Festmahl hielt, „den Frauen erlaubt war die Männer dahin zu begleiten und während dieselben bei Tafel saßen hinter deren Stühlen zu stehen, wo denn der Mann, der sich auf diese Weise von seiner Frau bedienen ließ, ihr zuweilen seinen Teller mit den Resten reichte, die sie, hinter ihm stehend, verzehrte." Ein Fortschritt war es in späterer Zeit, daß den Frauen erlaubt war in der Nebenstube des Festsaals auch an besonderer Tafel zu sitzen, wohin man ihnen die Speisen brachte, die von den Tischen der Männer übrig geblieben. Das nannte man „deutsche Zucht und Sitte" und klagte auch über den Verfall derselben, als die Sitte aufkam, daß sich die Frauen mit unter die Männer setzen „dürften," wo man ihnen noch jetzt wenigstens bei Tafel den ersten Platz einräumt. Im Hause pflegten die Frauen „in der guten alten Zeit" mit dem Gesinde und den Kindern in der Küche zu essen und den Eheherrn und seinen Gehülfen im Geschäft oder seinen Gästen bei Tische aufzuwarten, ohne sich selbst mit daran zu setzen und gewiß hat diejenige auch als „unweiblich" und „verbildet" gegolten und als eine schlechte

Hausfrau, die es zuerst gewagt hat sich des Mittags aus der Küche zu entfernen und an der Seite ihres Mannes Platz zu nehmen! Und diese Reform hat sich so allmälig vollzogen, daß — viele unsrer Leserinnen wohl gar Zweifel in unsern Chronikenbericht setzen und es nicht für glaublich halten, daß je etwas Derartiges möglich gewesen, daß sich die auch damals von den Dichtern verherrlichten deutschen Frauen je eine solche unwürdige Stellung hätten gefallen lassen. Und wenn aber wieder ein paar Jahrhunderte um sein werden, wird es wieder andere deutsche Frauen geben, welche gutmüthig lächeln werden über unsere heutigen Reformbestrebungen und sich nicht werden denken können, daß dergleichen jemals nöthig gewesen, noch weniger begreifend wie viel Kämpfe, wie viel Verketzerungen und Mißdeutungen sie uns gekostet haben! Das ist der große Trost, den die Lehren der Geschichte geben! Aber wir brauchen gar nicht so weit zurückzugehen.

Die Geschlechtsvormundschaft besteht noch in einigen deutschen Staaten — in andern ist sie abgeschafft. Auch als dies geschah — Sachsen war bekanntlich einer der ersten deutschen Staaten, der sie aufhob, schon in den dreißiger Jahren — ward erst lange darüber debattirt, ob dies nützlich sei oder nicht — ob man die Frauen als mündig vor dem Gericht erklären könne — und es war dies in der That beinahe der wichtigste Schritt nach vorwärts, den die Geschichte der Frauen anzuzeigen hat, nur daß er eben von den Frauen selbst in seiner ganzen Größe kaum genug gewürdigt ward.

Die Sache war nämlich die: Der Vater ist der natürliche Vormund seiner Tochter und wenn dieselbe heirathete, so ging diese Vormundschaft auf ihren Mann über. War nun die Frau Wittwe geworden, so mußte sie sich einen Curator wählen, ohne dessen Bewilligung und Unterschrift sie keine Contracte eingehen noch sonst eine gerichtliche Verfügung treffen konnte — ihre Unterschrift allein hatte keine Gültigkeit. Innerlich unselbstständige und beschränkte Frauen fanden diese Einrichtung sehr bequem, sie hatten ja einen Beistand und waren von vielem Nachdenken und jeder Verantwortung befreit; reichen Wittwen z. B., die um Darlehen oder dergleichen angegangen wurden, war es sehr bequem dasselbe mit der kurzen Phrase ablehnen zu können: „mein Curator will es nicht!" Die Demüthigung, die für sie selbst in dieser Antwort lag, empfanden sie nicht — sie war durch das Herkommen geheiligt. Auch kluge Frauen profitirten bei dieser Einrichtung, jene Ausrede blieb ihnen, und damit der Curator nur das wollte, was sie selbst wollten, wählten sie sich dazu entweder einen bewährten Freund oder noch lieber den **dümmsten** Mann, den sie finden konnten, der sich ohne Widerreden ihren Angaben unterordnete und den sie wohl auch dafür bezahlten. Um das Princip bekümmerten sie sich nicht — es war eine Einrichtung etwa wie in der Presse zur Zeit der Censur. Wir, die wir noch unter Censur geschrieben und gegen sie gekämpft haben, wissen es recht gut, daß es viel bequemer unter ihr sich schrieb — man hatte keine Verantwortung, es gab nicht so leicht Preßprozesse, denn der Censor strich ja was einen solchen hätte veranlassen können — man brauchte sich nicht selbst die eignen Flügel zu beschneiden wie jetzt, wo man sein eigner Censor sein muß — und dennoch wird kein Schriftsteller von Ehre die Censur zurückwünschen, denn sie war ein unmoralischer, entwürdigender Zustand — und eben so wird keine Frau von Ehre die Zeiten der Geschlechtsvormundschaft zurückwünschen.

Aber leider lassen die Consequenzen dieser Befreiung, dieser in Wahrheit gesetzlich festgestellten Emancipation noch sehr auf sich warten und zwar hauptsächlich mit durch die Schuld der Frauen und ihrer Scheu vor diesen Consequenzen. Man gestattet ihnen Bürgerinnen zu werden, Liegenschaften aller Art zu erwerben und selbstständig zu verwalten, Geschäfte der mannichfachsten Branchen zu etabliren, an jedem Actienunternehmen sich zu betheiligen: — wenn aber irgendwo eine Versammlung und Berathung statt findet in einer dieser Angelegenheiten: so lassen sie sich durch Männer vertreten oder wo es nicht nöthig ist, thun sie vielleicht nicht einmal dies. Und weil sie selbst von dem ihnen zustehenden Recht keinen Gebrauch machen, wird es ihnen stillschweigend, **gleichsam von selbst entzogen** und dies nachher damit entschuldigt: die Frauen kommen ja doch nicht! — so werden sie nur darum um ihr Recht betrogen, weil sie sich darum betrügen lassen, es nicht zu schätzen, nicht zu wahren verstanden — und man könnte sagen: damit geschieht ihnen ganz recht, wenn nicht es doch einzelne Unschuldige gäbe unter der Majorität der Schuldigen! Doch wir gerathen hiermit in das Gebiet des folgenden Abschnittes, der allerdings an diesen nothwendig sich anschließt; denn die Selbstständigkeit führt zur Selbsthilfe und ohne diese der Einzelnen kann wieder jene für Alle nicht errungen werden!

V.
Selbsthilfe.

Wer sich nicht selbst helfen will, dem ist auch nicht zu helfen, ja er verdient nicht einmal, daß ihm geholfen werde! — **Nur was man durch eigene Kraft erringt, hat einen Werth.** —

Die Geschichte aller Zeiten und die unsrige ganz besonders lehrt es, daß Diejenigen auch vergessen wurden, welche an sich selbst zu denken vergaßen! welche nicht entschieden eintraten für ihre Rechte, welche unthätig stehen blieben, indeß die Andern um sie her rüstig arbeitend im Dienst des Fortschrittes weiter und weiter schritten.

Unzählige Male ist es schon gesagt worden, daß die Lage der Arbeiter nur verbessert werden kann durch den Willen der Arbeiter selbst, durch ihre eigene Kraft, daß alle unterdrückten Völker nur frei werden können, wenn sie in ihrer Bildung und Entwicklung soweit vorgeschritten sind, daß sie wirklich frei werden **wollen** — und ganz Dasselbe muß man auch in Bezug auf die Frauen wiederholen.

Jene sittliche Charakterstärke, mit welcher Lessing sagen konnte: „Kein Mensch muß müssen!" ist nicht nur von den Männern, sie ist auch von den Frauen zu fordern, wenn es in Wahrheit besser werden soll, und wenn er sogar betete: „Ich will! gieb mir, o Gott, zu wollen, daß ich will!" so darf jede Frau durchdrungen von solcher Frömmigkeit zum Himmel aufblickend das Wort wiederholen. — „Hilf dir selbst und der Himmel wird dir helfen!" ist ein gutes altes Sprichwort, das sich noch immer bewährt hat und das wir sehr gut zum Motto unsres ganzen Strebens wie auch dieses Werkchens wählen könnten.

Nur die eigne Kraft vermag den Menschen zu adeln, zu erheben, die eigne Kraft, deren Entfaltung und Stärkung Gottes Wille ist, welcher jedes Wesen dazu schuf, daß es alle Fähigkeiten entfalte, die in ihm schlummern, daß es nach freier Entwicklung und sittlicher Vollendung strebe. Wer sich, ohne seine eigne Kraft anzustrengen, in Trägheit und Stumpfheit verharrend, auf Anderer und sei es selbst auf Gottes Hilfe verlassen will, der ist verlassen, denn er macht sich derselben unwürdig, er versündigt sich an seinen Mitmenschen, die sich seiner annehmen, ohne daß er es verdient und versündigt sich noch mehr an Gott selbst, der ihm in seiner Schöpferweisheit Kräfte gab, die er gebrauchen und entwickeln, aber nicht niederhalten und zerstören sollte. Auch für uns giebt es keinen schöneren Trost in jedem Leid, kein beseligenderes Gefühl in jedem Glück, keinen größeren Sporn für unser Streben: — als ein unerschütterliches Gottvertrauen, ja, auch wir sind trotz alles Stolzes auf unsre eigne Kraft demüthig genug um fromm zu bekennen, daß es mit ihr allein auch noch nichts gethan ist, sondern daß eine höhere Macht beides geben muß: das Wollen und das Vollbringen — aber wir würden uns scheuen aufzublicken zu dieser höhern Macht, wenn wir das Bewußtsein in uns trügen nicht zuvor und zugleich Alles gethan zu haben was in unsern Kräften war, um ein uns vorschwebendes Ziel zu erreichen.

Und dieses einfachste Recht der Menschenwürde kann Niemand den Frauen vorenthalten und wo es versucht werden sollte, da müssen sie mit dem ganzen Bewußtsein ihrer sittlichen Würde sich so lange widersetzen, bis denn endlich doch der Sieg der Humanität zu einem allgemeinen wird.

Sobald jedes Mädchen von dem Bewußtsein durchdrungen ist, daß es selbst mit einstehen muß für sein Geschick, sobald wird es auch aufmerksamer über sich selbst wachen in jeder Beziehung und nicht mehr Andere für sich denken, handeln und entscheiden lassen — und nur das allein ist eines sittlichen Wesens würdig. —

Wenn in irgend einem verworrenen Zustand eine Entwirrung eintreten soll, so weiß man gewöhnlich nicht, von welcher Seite die

Sache zuerst anzufangen sei, oder vielmehr es kommen dabei sehr widersprechende Ansichten zu Tage. So ist es namentlich mit der durch die Schuld der Jahrhunderte sehr verwickelt gewordenen Frage von der Stellung der Frauen, von ihren Pflichten und Rechten der Fall.

Die Einen meinen sehr naturgemäß, man müsse mit der Erziehung der Kinder beginnen. —

Die Andern: man müsse an sich selbst beginnen. —

Noch Andere: nur durch die Mütter könnten bessere Zeiten kommen — und noch unzählige Mal mehr variirt sich die Ansicht: ob man hierbei überhaupt zunächst die Lage der Frauen bei den arbeitenden Classen, dem Proletariat oder in den sogenannten höhern Ständen in's Auge zu fassen und auf welchen Punkt man zuerst seine Aufmerksamkeit zu richten habe.

Nun, ich meine, da die Frage eben eine so brennende, ihre Lösung eine so dringende ist, da sie so Viele, ja Alle angeht und wenn auch noch nicht Alle von diesem Bewußtsein durchdrungen sind, so sind es doch Viele — und da eben diese Vielen mit helfen wollen sich und Andern: so möge man nur überall zugleich getrost angreifen: ein jedes in seinem Kreise und nach seinem besten Wissen und Gewissen, man wird auf diese Weise am sichersten zum Ziele kommen.

Freilich ist es naturgemäß mit den Kindern zu beginnen — aber nicht allein dem kommenden Geschlecht, es soll auch schon dem jetzt lebenden geholfen werden. Man muß nicht ganze Generationen aufgeben, die auf den rechten Weg zu leiten noch nicht zu spät ist und die auf ihm schon den Segen stiften können, der sonst erst in jungen Saaten langsam sprießt und zu Früchten reift.

Müssen wir nicht auch erst fragen: wer soll die Kinder erziehen? ohne Zweifel: die Mütter. Und wenn nun eben die Mütter selbst noch nicht erzogen, oder wenn sie noch nicht gebildet, oder was noch schlimmer ist: wenn sie verbildet sind? was hilft dann unsere Antwort und wie ist ein hoffnungsreicher Anfang zu machen? Eine Mutter, welche selbst unselbstständig und engherzig ist, selbst in verrosteten Vorurtheilen feststeckt, kann auch ihre Kinder nicht vor demselben Fehler bewahren, sie wird im Gegentheil ihn in ihnen hegen und ausbilden.

Wir können und wollen hier keinen pädagogischen Lehrplan geben — aber wir müssen immer und immer wieder darauf aufmerksam machen, daß die größte Verantwortung für das körperliche wie geistige Gedeihen ihrer Kinder auf den Müttern liegt, wie die Töchter namentlich ihrem Einfluß ganz allein überlassen sind und wie Beispiel und Lehren der Mutter — wenn anders nicht schon das Familienleben ein ganz ungesundes und verfallenes ist, ihrem Leben die Hauptrichtung geben.

Die ersten Seelenregungen des Kindes, das Erwachen desselben zum Bewußtsein seines Ich — sie werden stets zuerst von der Mutter erkannt und beobachtet werden — und wehe dann ihr und ihm, wenn sie es auch in dieser Beziehung nicht mit der größten Sorgfalt zu hüten versteht vor jeder Berührung mit Gegenständen und Eindrücken, die dem weichen, sich erst bildenden Stoff zum dauernden Schaden gereichen könnten. Und trotz dem, daß wohl jede Mutter ihr Kind mit inniger Liebe pflegt und sich ihm widmet, trotz dem daß sie es körperlich vor jedem Unheil zu behüten sucht — trotz dem überläßt sie es oft auf der andern Seite mit unbegreiflichem Leichtsinn Händen, die sie selbst als nicht zuverlässig kennt, von denen sie nur höchstens erwartet, daß sie es vor einem leiblichen Unfall bewahren. Den Kindermädchen sollte man ein eignes Kapitel widmen.

Gerade das Geschlecht, von dem man behauptet, daß es so viel geringere Fähigkeiten besitze als das andere, gerade das läßt man fast ohne jede Vorbereitung oft an die Erfüllung der schwierigsten Lebensaufgaben gehen! — „Vermiethe dich!" heißt es in den ärmeren Familien zu dem Mädchen, das kaum die Schule verlassen und außer dem genossenen nothdürftigen Unterricht nicht das Geringste gelernt hat — und so stößt man das unwissende Geschöpf in die Welt und heißt ihm — „Kindermädchen" werden. Dazu also findet man auch das unwissendste Kind geeignet: zu wachen über ein sich eben erst entfaltendes, unsterbliches Wesen! Sind nicht die zarten Seelen der Kinder in den Händen eines einfältigen und oft verdorbenen Kindermädchens oft noch mehr gefährdet als ihr körperliches Wohl,

und ist es zu begreifen, wie es noch so leichtsinnige Mütter geben
kann, die ihre Lieblinge solchen Händen überlassen? — Aber es ge=
schieht, weil es einmal so üblich ist. Man tröstet sich damit, das
Kindermädchen sei ja nur da die Kinder anzuziehen, zu warten, in
und außer dem Hause, sie in die freie Luft zu begleiten u. s. w., die
Mutter könne ja das Alles anordnen und überwachen — sie kann
es aber nicht! Sie hält eben ein Kindermädchen, weil es ihre Zeit
nicht erlaubt und wohl auch ihre Kräfte es nicht aushielten, die Kin=
der selbst in's Freie zu tragen, führen oder fahren — aber in die=
sen oft stundenlangen Abwesenheiten sind die Kinder doch den Mäd=
chen ganz allein überlassen und können hier die schädlichsten Eindrücke
in sich aufnehmen, zum Lügen und allen möglichen Fehlern verleitet
werden! — Abschaffung der ganzen Sitte solche unwissende nnd un=
tergeordnete Kindermädchen zu halten, dafür Mädchen zum Dienst
bei Kindern wirklich auszubilden, ihnen dann aber auch eine andere
Stellung im Hause und zur Familie, die ihr ihre heiligsten Güter
anvertraut, einzuräumen und sie nicht als die untergeordnetste Person
im ganzen Hause zu betrachten, ist eine unabweisliche Pflicht. Eine
Vorbildung hierzu könnten junge Mädchen in Kinderbewahranstalten,
Kindergärten und Krippen empfangen, Anstalten, deren Nothwendig=
keit sich auch immer mehr herausstellt und die aller Orten meist durch
die Thätigkeit der Frauen gegründet worden sind und unter ihrer
speciellen Leitung und Obhut stehen. Und damit ist wieder ein
großer Wirkungskreis den Frauen geöffnet, nur ist auch hier zu wün=
schen, daß sie nur selbst und nach eignem Ermessen helfen und wohl=
thun, daß sie sich nicht dabei von andern, männlichen, namentlich
geistlichen Einflüssen einer gewissen Richtung bestimmen und beherr=
schen lassen, welche so oft geeignet sind Einrichtungen, die bestimmt
sind humanen Principien zu dienen und sie in's Leben verwirklicht
einzuführen, eine ganz entgegengesetzte Tendenz zu geben.

Im Beruf der Kindergärtnerinnen und in der Pflege des Kin=
dergartens ruht ein wichtiges Moment zur Selbsthilfe der Frauen und
es sollte mehr benutzt werden als es bisher geschehen, da es ja der
geniale Gedanke Friedrich Fröbels war: hier die zarten Kinder spie=
lend zu entfalten, den ersten Grund zu künftiger Selbstständigkeit, zu

sittlichen Grundsätzen zu legen, die naturgemäße Entwicklung aller Fähigkeiten des Kindes, des ganzen Menschen anzubahnen. Nicht allein Mädchen, die sich dann als Kindermädchen vermiethen wollen, nicht allein solche, die sich dem Beruf des Kindergartens ganz zu widmen gedenken, entweder als Gehilfinnen oder als Dirigentinnen und Eigenthümerinnen eines Kindergartens, sondern auch andere Mädchen, die dies nicht speciell zu ihrem Beruf wählen, könnten hier lernen und wirken. In Hamburg, wo wie in Leipzig Kindergärten bestehen, welche zugleich Vorbildungsschulen für Kindermädchen und Kindergärtnerinnen sind, ist der Vorschlag gemacht worden, daß alle jungen Damen hier nach vollendeter Schulzeit einen Cursus durchmachen und so zugleich nicht nur die beste Vorbereitung zu der Erziehung eigner Kinder, sondern auch für ihre oft nutzlos verbrachten Mädchenjahre einen Lebenszweck finden möchten. Wir unsrerseits finden diesen Vorschlag für künftige Gouvernanten und Mütter sehr zweckmäßig — aber da einmal nicht alle Mädchen beides werden, so empfehlen wir ihn doch nur da, wo er keinem andern Lebensberuf hemmend in den Weg tritt. Viel eher möchten Bräute und junge Frauen einen solchen Cursus durchmachen, als Mädchen, die vielleicht den natürlichen Beruf verfehlen und von denen wir eben verlangen, daß sie sich auf einen solchen vorbereiten, der ihnen zu einer selbstständigen Existenz verhilft. Gewiß giebt es keine Mutter, die ihr Kind nicht liebt, wenn sie nicht anders ein ganz unwürdiges Geschöpf ist — aber gewiß giebt es viele Mädchen, die andere Fähigkeiten und ein anderes Streben in sich tragen als sich mit Kindern zu beschäftigen, und warum will man da mit Gewalt sie zu etwas zwingen, was nicht in ihnen liegt? Wir wollen nicht, daß die Frauen einzig und allein zu Hausfrauen erzogen werden, weil sie dann unglücklich und unfähig für Alles sind, wenn sie es nicht werden, und ganz dasselbe gilt von der Erziehung zur Mutter schon im frühesten Lebensalter. Beides kann von jedem befähigten weiblichen Wesen, dessen Anlagen allseitig ausgebildet sind und das so zu sagen Kopf und Herz auf der rechten Stelle hat, nachgeholt werden, sobald es gebraucht wird, während die Vorbereitungen zu einem andern Beruf, dem man seine Existenz verdanken will, nicht, wie wir schon gezeigt haben, erst da vorzunehmen sind, wo die Nothwendigkeit sich selbst zu erhalten wie ein plötzlicher Schrecken die darauf nicht Vorbereiteten überfällt.

Konnte man vor zwanzig Jahren noch klagen, daß aller weiblicher Unterricht mit der Confirmation aufhöre und daß in einem Alter, wo die Mädchen erst zu denken anfingen, sie der Schule entrissen wurden: so sind jetzt fast überall Fortbildungsschulen wenigstens „für die Töchter höherer Stände," d. h. selbstverständlich solcher, die es bezahlen können, errichtet worden und in zahlreichen Mädchenpensionaten wird nicht mehr, wie es früher der Fall war, nur jener auf äußere Politur berechnete Unterricht ertheilt, der meist nur in fremden Sprachen gipfelte, sondern es sind alle möglichen Gegenstände mit in sein Gebiet gezogen worden. Nun werden zuweilen wieder — und zwar nicht nur von den Anhängern der guten alten Zeit, in der es nicht nöthig oder wohl ein Wunder war, daß ein Mädchen richtig schreiben konnte, sondern auch von fortschrittfreundlicher Seite dagegen Einwendungen erhoben und es heißt, daß die Mädchen überbildet würden, daß man Gelehrte aus ihnen machen wollte und daß sie doch von dem gewonnenen Unterricht nur sehr wenig profitirten. Ohne einzeln an jenen Instituten mäkeln zu wollen und ohne, weil es viele sehr oberflächliche, nur auf Gewinn berechnete unter ihnen giebt, gegen alle eifern zu wollen, sagen wir, daß es doch eben so oft nur an der Anschauung liegt, mit welcher die Mädchen von ihren Müttern in die Pension geschickt werden und mit welcher sie selbst dahin kommen, wie an den Instituten, wenn die Mädchen verbildet werden. Die meisten Institute richten sich nach den Bedürfnissen und Ansprüchen der Zeit — sie bieten das, was am Meisten verlangt wird, was geeignet ist ihnen die meisten Schülerinnen zuzuführen. Privatunternehmungen können kaum nach einem andern Grundsatz bestehen.

Was wird aber verlangt? — In vielen Fällen eigentlich geradezu gar nichts! Man schickt die Mädchen eben nur in eine Pension weil es so Mode ist, weil es andere, namentlich vornehmere Bekannte auch thun, weil sie zu Hause im Wege sind, weil man ihnen so über die Zeit des sogenannten „Backfischthums," wo sie nicht wissen ob sie sich zu den Kindern oder den Erwachsenen halten sollen, hinweghelfen will. Nach solchen Anschauungen sollen sie also in einer Pension nur gut aufgehoben sein — und das, was sie etwa dort lernen, wird als Nebensache betrachtet. In andern Fällen wünscht man wieder nur, daß sie mit dem Nimbus feinerer Bildung die Pension verlassen, wohl auch, daß sie viel lernen, um dann mit Kenntnissen und Künsten in der Gesellschaft prunken und dilettiren zu können. Und so kommen wir wieder auf das zurück, was wir gleich im ersten Abschnitt als Hauptfehler bezeichneten: es fehlt bei der weiblichen Bildung jeder Ernst und jeder Plan, es sei denn der einzige: sie um jeden Preis so zu gestalten, daß sie dem Mädchen zu einem Manne verhilft.

Sonach ist das Wichtigste freilich, daß Mütter und Töchter gleicher Weise zu der Ueberzeugung gebracht werden, daß ein Mädchen das vorzugsweise lerne, was ihrem Fortkommen in der Welt am Besten nützen kann, das zu Lernende nicht nur als leichten Aufputz, von dem es gleich sei wie lange er aushalte und welchen Grad er erreiche, betrachte, sondern mit demselben Ernst wie der Jüngling: als nothwendige Aufgabe ihres Lebens. Sich selbst zu der Anschauung zu erheben, daß kein Mädchen ihre Jugend mehr nutzlos verschwenden dürfe, daß auch sie einen Selbstzweck habe, daß auch sie sich so vorbereiten müsse, um nicht nur in einem Fall, der vielleicht gar nicht eintritt, sondern auf alle Fälle ein nützliches und Niemandem zur Last fallendes Mitglied der menschlichen Gesellschaft zu werden — in dieser Anschauung und ihrer Verbreitung liegt der hauptsächlichste Anfangspunkt der weiblichen Selbsthilfe. Ihr Geltung zu verschaffen sollte das Hauptbestreben jedes weiblichen Wesens sein, das nicht mehr sich selbst und ihr ganzes Geschlecht dem Spiel des Zufalls preis gegeben sehen will.

Nach dieser Anschauung zu handeln ist die Selbsthilfe, mit der jedes Mädchen, jede Frau an sich selbst zu beginnen hat. Eine jede, die ohne dafür eine nützliche Gegenleistung zu thun, sich von Andern ernähren läßt, möge dies als dieselbe Schande empfinden, welche der Mann empfindet und sie möge ihr zu Theil werden wie ihm, der arbeitskräftig ist und doch in Müssiggang und Erwerbslosigkeit seine Tage verbringt. Ist dieser Grundsatz nur allgemein, so werden sich dann weitere Consequenzen aus ihm entwickeln. Aber er kann sich um so langsamer Bahn brechen, je mehr Vorurtheile sich ihm entgegen stemmen. Mit Wort und That und eignem Beispiel muß jede Frau diese bekämpfen, wo immer sie von ihr gefunden werden. Die Verfasserin ist um so mehr berechtigt dies zu fordern, als sie ihr ganzes Leben lang nach diesem Grundsatz gehandelt und ihre heiligste Lebensaufgabe in ihm gefunden hat.

Und wenn wir von der Selbsthilfe der Frauen reden, so ist es wohl am Orte hier einen Blick auf die Gestaltung derselben wie der ganzen Frauenfrage seit den letzten Jahrzehnten zu werfen.

Als zu Anfang der dreißiger Jahre eine französische Frau Aurora Dudevant, unter dem Namen Georges Sand, ihre in glühender Sprache geschriebenen Romane gleich Brandraketen in die Welt sandte, die halb verblüfft, halb staunend und halb mäkelnd die neue Erscheinung betrachtete — und als dann später in Deutschland einige Schriftstellerinnen sie nachzuahmen suchten, ohne nur entfernt dem Flug eines Genius folgen zu können, dessen Schwingen sie nicht besaßen — da kam mit der Redensart auch die ganze Frage von der Emancipation des Weibes in Mißkredit und jeder über die enggezogenen Grenzen des Familienlebens hinausstrebenden Frau blieb beinahe nichts übrig, als sich zuerst feierlich zu verwahren zu jenen Emancipirten zu gehören. Damals waren die Bestrebungen der Frauen rein persönlich, sie galten nur der individuellen Freiheit. Die Abhängigkeit der Frauen von den Männern, namentlich in der Ehe, der Widerspruch der hergebrachten Sitten mit der wahren Sittlichkeit, die Ungleichheit der Rechte, in welcher die Frauen nicht allein der bürgerlichen Gesetzgebung gegenüber, sondern auch vor dem Richterstuhl der herrschenden Begriffe von Moral und Pflicht erscheinen — und all' die aus dem Widerspruch der Regungen des Herzens und der Natur mit den üblichen Gebräuchen und bestehenden Anordnungen entspringenden tragischen Conflicte — dies waren damals die Motive, welche die Frauen mit ihrer Persönlichkeit oder mit ihrer Feder oder mit beiden zugleich auf den öffentlichen Kampfplatz hinaustrieben, auf dem allein derartige Fragen zu lösen sind. Es war ein Kampf der mehr durch das Interesse der eignen Persönlichkeit als durch eines an der Allgemeinheit angeregt war und der darum auch mehr mit den Waffen der Eitelkeit als der Begeisterung geführt war und mehr darauf hinauslief diese Persönlichkeit selbst in den Vordergrund zu drängen, statt sie im Dienst der Allgemeinheit freudig zu vergessen oder aufzuopfern. Es war ein Dienst der Subjectivität, wie er damals keineswegs allein bei den sich damit in den Vordergrund drängenden Frauen, sondern auch bei den Männern im Leben und in der Literatur der Grundzug der ganzen Bewegung war, deren Frische eben darum in Keckheit, ja theilweise in Frechheit ausartete, so daß sie damit der Sache schadete, sie in Mißkredit brachte und nur dadurch schließlich nützte, daß sie zum warnenden Beispiel ward, vor welchen Elementen man sich künftig zu hüten habe, um die Fahne des Fortschritts nicht in unreinen Händen und durch diese selbst in den Staub gezogen zu sehen.

Es war im Jahre 1844, als in den von Robert Blum redigirten „Sächsischen Vaterlandsblättern" die Frage aufgeworfen ward: „Haben die Frauen ein Recht zur Theilnahme an den Interessen des Staates?" Damals schrieb ich meinen ersten Zeitungsartikel und beantwortete die Frage so: „Die Theilnahme der Frauen an den Interessen des Staates ist nicht allein ein Recht, sie ist eine Pflicht der Frauen." Ich unterschrieb den Artikel: „Ein sächsisches Mädchen," und sandte ihn zitternd ab. Als es geschehen war — ich hatte sonst noch nichts als meinen Erstlingsroman veröffentlicht und schrieb nebenher in den von Ernst Keil redigirten „Wandelstern" unter dem Namen Otto Stern, auch nur den männlichen Pseudonymen wählend, weil eine Schriftstellerin damals kaum wagen durfte Politik und Kritik zu treiben, wie ich daselbst that — als es geschehen war, wußte ich in der That nicht, ob ich ein Verbrechen oder eine Heldenthat begangen, ich wußte nur: daß ich nicht anders gekonnt hatte. Der Artikel erschien mit einer öffentlichen Aufforderung begleitet: mehr in diesem Sinne zu schreiben — ich that es dort wie in Blum's Taschenbuch „Vorwärts" und nannte mich nun. — Was ist nun heutzutage dabei, wenn ein weiblicher Name, sei seine Trägerin nun jung oder alt, in einer politischen Zeitschrift unter den Mitarbeitern steht? Damals ward es aber allerdings aufgefaßt von der einen Seite wie ein Verbrechen und von der andern wie eine Heldenthat! Fast nie hab' ich so viele Briefe von Fremden voll Zustimmung erhalten wie damals, fast nie aber auch so viele Vorwürfe, Warnungen, Mahnungen von Freund und Feind. Ich war ein junges verwaistes Mädchen und hatte wohl in den Kreisen meiner Kleinstadt wie der nahen Residenz immer für etwas „überspannt" gegolten und das rettete meinen „Ruf" — als „Unglück" aber ward es doch betrachtet, daß ich mich um öffentliche Angelegenheiten bekümmerte — Tendenzromane schrieb und politische Gedichte als „Lieder eines deutschen Mädchens" herausgab. — Und als die politische Bewegung von 1848 eine neue Aera heraufzuführen schien, da war natürlich auch die Bewegung der für die Zeit empfänglichen Frauen eine p o l i t i s ch e. Zur Zeit der Befreiungskriege von der Fremdherrschaft vor fünfzig Jahren hatte unter den Frauen schon eine ähnliche Begeisterung geherrscht, ein ähnliches Heraustreten Einzelner für die Sache der Allgemeinheit: damals war es geschehen auf Grund des Patriotismus — 1848 geschah es auf Grund der Politik, der Demokratie. War auch der größte Theil der Frauen auf der Seite jener Fanatiker der Ruhe, welche den Sieg der Freiheitsbestrebungen fast viel mehr erschwerten, als selbst die erbittertsten Gegner derselben, und rächte es sich dadurch furchtbar, daß man die Frauen und selbst seitens der dem Fortschritt huldigenden Männer von aller Theilnahme an den politischen Angelegenheiten des Tages ausgeschlossen und sie im Indifferentismus und in Unwissenheit erhalten hatte — so fanden sich doch unzählige begeisterte Frauen, welche der Sache der Demokratie dienten und zugleich für die eigenen, d. h. die weiblichen politischen Rechte das Wort und die Feder ergriffen. Die Sache der Frauen und ihre Stellung war eine Partei-Angelegenheit geworden und es gab kein vereintes weibliches Wirken, das nicht im Dienste einer Partei geschehen wäre. Da und dort entstanden demokratische Frauenvereine, die namentlich zur Zeit der niedergeworfenen Erhebung noch voll schöner Hingebung Gutes und Großes unter eigenen Gefahren wirkten. Aber eben darum wurden diese Frauenvereine nur zu bald gewaltsam aufgelöst und damit waren Angesichts der immer mehr hereinbrechenden und immer mehr die Gemüther niederdrückenden Reaction, auch alle die Bestrebungen und Interessen wieder verschwunden, an die auch das weibliche Geschlecht sich mit erwachendem Bewußtsein freudig hingegeben hatte. Erging es doch unter der Männerwelt nicht besser — wie hätten die Frauen dem allgemeinen Schicksal, das auf Allen lastete, sich entziehen sollen? — Ich selbst hatte unter den Einflüssen der politischen Bewegung eine „Frauenzeitung" (von 1849—52) redigirt, welche das Motto trug: „Dem Reich der Freiheit werb' ich Bürgerinnen!" — wer sie nachlesen wollte, könnte sich überzeugen, daß man von Vielem, was jetzt wie etwas Neues diskutirt wird, sagen könnte: Dies Alles war schon einmal da! Auch sie fiel natürlich der Reaction zum Opfer. Aber schon damals oder vielmehr noch früher, schon vor 1848 — und dann erst recht — hatte ich eingesehen, daß, wie damals der socialistische Ausdruck lautete: auch die Frauenarbeit organisirt werden müßte. Ich hatte Einiges im Dienst des Socialismus, besonders der weiblichen Arbeiterinnen (in Keil's „Leuchtthurm," außerdem einen Roman „Schloß und Fabrik," der anfänglich consiscirt ward) geschrieben und es erschien eines Tages eine Arbeiterdeputation bei mir, um mir ihre Zustimmung zu erkennen zu geben. Es waren Setzer und sie baten mich, in einer von ihnen eben gegründeten (1847) Zeitschrift „Typographia" mitzuschreiben. Ich that es und that es noch weit mehr, als sie sich 1848 in die erste „Arbeiterzeitung" umwandelte. Ich vertrat unter ihnen die Interessen meines Geschlechts. Als in Dresden unter dem Ministerium Oberländer eine Arbeitercommission zusammentrat, richtete ich an dieses und sie, wie an alle Arbeiter eine „Adresse eines Mädchens," in welcher ich an das Elend und die Gefahr der Schande erinnerte, in welcher das weibliche Geschlecht schwebt, wenn es ohne Gelegenheit zu lohnender Arbeit ist und schloß mit den Worten: „Glauben Sie nicht, meine Herren, daß Sie die Arbeit genügend organisiren können, wenn Sie nur die Arbeit der Männer und nicht auch die der Frauen mit organisiren," — ich rief die Arbeiter auf, abzulassen von der Verblendung, mit der einige von ihnen die Mädchen aus den Fabriken und Gewerben und damit in die Schande jagten und fügte hinzu: „Und wenn man überall vergessen sollte an die armen Arbeiterinnen zu denken — ich werde sie nicht vergessen!" Und ich fand überall ein williges Ohr, bei dem Minister sowohl wie bei einigen Mitgliedern jener Commission und vor Allem bei den Arbeitern selbst, die mir auch dazu die Spalten ihrer Zeitung öffneten und auch sonst vertrauten. Immerhin war es ein harter Kampf, zumal in Sachsen, wo von Gewerbefreiheit noch keine Spur war und der Zunftzwang überall hemmend entgegentrat. Wie viel Tinte hab' ich nicht allein im Interesse der Schneiderinnen verschrieben, die vorerst von den Schneidern angelernt wurden, und bei denen dann alle Augenblicke die Schneider einmal Haussuchung hielten und die vorgefundene Arbeit confiscirten, weil jene nur auf Arbeit in die Häuser gehen durften! Die Schneider, obwohl sonst immer nur dem Fortschritt huldigend, ja oft die enragirtesten Demokraten — in diesem Punkt waren sie die schrecklichsten Reactionaire. Und so ging es in vielen Zweigen der Arbeit: in der Theorie führten die Leute immer das große Wort des Fortschritts, wenn aber Einer in seinem Gewerbe sich beeinträchtigt glaubte, so wehrte er sich mit Händen und Füßen dagegen.

Was damals gekeimt und geblüht hatte, verfiel dem Schicksal aller Märzblüthen — sie verschneiten wieder — aber jetzt, wo der Schnee wieder hinweggethaut, kommt Alles auf's Neue zum Vorschein. Im Stillen ist fortgewachsen und hat sich ausgebreitet, was zu jener Zeit nur Keim war und schießt jetzt in frischen Halmen lustig empor.

Im Dienste der Subjectivität, wie im Dienste der Politik sind die weiblichen Bestrebungen beendet worden, nicht etwa um nun am Ende zu sein, sondern um nach Verirrungen und Prüfungen geläutert und erstarkt wieder neu aufgenommen zu werden im Dienste der Humanität und des Socialismus.

Die Frage von dem Berufe und der Stellung der Frauen ist nicht anders zu lösen als nur auf diesem Wege.

Zu Anfang des Jahres 1865 lenkte eine schon etwas früher gegründete und von Hauptmann A. Korn redigirte „Allgemeine Frauen=Zeitung" die Aufmerksamkeit wieder auf diese Angelegenheiten und zwar geschah dies noch mehr, als derselbe in Leipzig Vorträge über die „Frauenfrage" hielt. In beiden fand sich vieles Gute und Anregende neben manchem Wunderlichen und der Frauennatur Widerstrebenden. Aus letzterem Grunde wollte ich darum lange nichts von einem gemeinschaftlichen Wirken in dieser Richtung wissen und beschränkte mich, dem Herrn Redacteur den Abdruck einiger Artikel von mir in der „Frauen-Zeitung" zu gestatten. Da sich aber andere gleichgesinnte Frauen mit mir zusammenfanden, war ich endlich bereit mich an der Gründung eines „Frauenbildungsvereins" zu betheiligen. Zu diesem Zwecke hielt Frl. Auguste Schmidt, eine ausgezeichnete Lehrerin und Rednerin in Leipzig, einen öffentlichen Vortrag. Unter dem Motto: „Leben ist Streben," schilderte sie die Nothwendigkeit, daß auch das Weib nicht länger auszuschließen sei von dem allgemeinen Ringen nach Fortschritt und nach einem Beruf, der nicht abhängig sei von dem Zufall der Familienverhältnisse, sondern auch da, wo ihr versagt sei als Tochter, Gattin oder Mutter ein nützliches Dasein zu führen, ihrem Leben einen Gehalt und zugleich einen Schutz gegen die Gefahren biete, denen jedes, und zumal jedes weibliche Wesen verfällt, das nicht im Stande ist, sich selbst durch eigene Arbeit zu erhalten. „Wir verlangen nur, daß die Arena der Arbeit auch für uns und unsere Schwestern geöffnet werde."

So ward der Frauenbildungsverein in Leipzig gegründet. Gegen einen monatlichen Beitrag erhält jedes Mitglied desselben 3 Billets, die es verpflichtet ist an ihm bekannte Arbeiterinnen oder andere Frauen und Mädchen, die nichts für ein edles Vergnügen erübrigen können, zum Besuch der „Abendunterhaltungen" des Vereins auszugeben. Von denselben wurden jährlich 25 veranstaltet und haben darin nur weibliche Personen Zutritt. Unterhaltung und Belehrung wird hier zugleich gewährt, letztere durch einen Vortrag über ein für Frauen der größeren Kreise passendes Thema aus der Geschichte, Natur, Literatur u. s. w. stets mit specieller Berücksichtigung des Vereinszweckes: Erweiterung des weiblichen Gesichtskreises, Erhebung und Anregung für stille Arbeitsstunden, Erweckung und Stärkung zu freudiger Berufsthätigkeit u. s. w. Deklamation klassischer wie neuerer Gedichte, Pianoforte- und Gesangsvorträge, sämmtlich von Frauen gehalten. Es ist dies zugleich eine Uebung, nicht allein für Dilettantinnen, sondern auch für angehende Künstlerinnen — auch anerkannte lassen sich zuweilen hören; die belehrenden Vorträge werden ebenfalls von Damen gehalten. Sodann ward eine Sonntagsschule für erwachsene Mädchen gegründet. Die Sonntagsschule und die Abendunterhaltungen, geleitet von dem gleichen Princip der Humanität wie der nothwendigen Selbsthilfe, ergänzen einander. Auch hier wird der Unterricht in den Elementarwissenschaften, Französisch und weiblichen Arbeiten von Damen — meist unentgeltlich ertheilt. Sonntagsschulen hatte man für das männliche Geschlecht schon überall als eine Nothwendigkeit erkannt und längst eingeführt, aber für das weibliche fehlen sie fast noch überall und sind gerade doppelt nöthig — wie auch hier der zahlreiche Besuch derselben zeigt. —

In die Statuten des Frauenbildungsvereins war ein Paragraph mit aufgenommen worden, nach welchem eine Frauen-Conferenz von deutschen Frauen der verschiedensten Gegenden in Aussicht gestellt ward. Herr Korn suchte dazu in seiner Frauen-Zeitung zu wirken, da aber auf seine alleinige Veranlassung die Sache sehr zweifelhaft schien, so erließ der Vorstand des Frauenbildungsvereins ein die Conferenz betreffendes Circular an ihm hierzu geeignet scheinende Persönlichkeiten, die zum Theil auch Herr Korn selbst bezeichnete.

Der Vorstand erhielt genügende Anmeldungen und die Frauen-Conferenz kam also Mitte October in Leipzig zu Stande. Herr Korn hatte dazu sehr umfängliche Vorlagen wie Statuten zu einem „großen deutschen Frauenverein" in seiner Zeitung gebracht, die neben vielem Guten und Richtigen so viel Unausführbares, der Frauennatur Widersprechendes und zugleich Komisches enthielten, daß der Leipziger Vorstand gleich in einer Vorconferenz mit Herrn Korn dasjenige strich, was zu dem Komischen gehörte (wie die projectirten Orden u. s. w.), Anderes aber abzuändern der allgemeinen Conferenz überließ. Die Leipziger Frauen, die, wie die Verf., eine gute Sache nicht wollten untergehen lassen, weil sie sich in Händen befand, die ihr mindestens schon so viel geschadet als genützt hatten, waren eben auch mit deshalb für eine allgemeine Conferenz, weil nur so etwas Klarheit in die ganze Situation kommen konnte, und sich ja durch einen Austausch der Ansichten zeigen würde, ob die Frauen darum weil Herr Korn die erste Anregung zu dieser Sache gegeben, verpflichtet wären, dieselbe für alle Zeiten seiner Oberleitung zu überlassen.

Es waren die Einladungen zur Conferenz sowohl an Männer, die sich für die Frauenfrage interessirten, als auch an Frauen ergangen und so waren denn auch unter Andern die Herren Prof. Eckardt aus Mannheim und Josef Heinrichs aus Lissa mit unter den fremden Damen, welche aus: Altenburg, Berlin, Braunschweig, Dresden, Düsseldorf, Debreczin, Gera, Halle, Jena, Köln, Mannheim, Magdeburg, München, Prag, Quedlinburg, Weimar, Zwenkau u. s. w. gekommen. Die größere Betheiligung fand natürlich von Seite der Leipziger Damen statt.

Wir lassen hier einen kleinen Bericht aus der Leipziger Mitteld. Volks=Ztg., die, in Leipzig erscheinend, gleich der gesammten Leipziger Presse ihren Berichterstatter bei der Conferenz hatte, folgen:

"Die erste deutsche Frauen=Conferenz ward am Abend des 15. Octbr. 1865 im Saal der Buchhändlerbörse gleich dadurch unter glücklichen Auspicien eröffnet, daß der Gesangverein des Arbeiterbildungsvereins erschien, um in einem ermuthigenden Gesang die anwesenden Frauen zum Beginn ihres Werkes zu begrüßen. Hierauf eröffnete Frau Louise Otto=Peters (Verf. dieser Schrift) die Versammlung. Sie sprach den zur Conferenz sowohl aus Leipzig als auch aus der Ferne herbeigeeilten Damen den wärmsten Dank aus und sagte dabei unter Anderem: "Sie haben durch Ihr Erscheinen hinreichend bewiesen, daß Sie da kein kleinliches Bedenken kennen, wo es gilt sich an ein größeres Interesse dahinzugeben. Sie bezeugen dadurch, daß Sie nicht allein unserm Rufe, sondern vielmehr noch, wie es ja des Weibes edelste Art ist und immer bleiben soll, dem Rufe Ihres eignen Herzens gefolgt sind. Sie fühlten und erkannten längst gleich uns, daß etwas geschehen müsse, den Wirkungskreis der deutschen Frauen zu erweitern und Sie sahen sich schon längst nach einem Mittel und Wege dazu um. Darum sind Sie jetzt, wo wir es gewagt haben zu einer gemeinsamen Berathung über diese Mittel und Wege aufzufordern, bei uns erschienen und schon durch dies Kommen allein beweisen Sie, daß wir auf Ihren ernsten Willen, Ihre Begeisterung für unsere Sache zählen können. Denn die Bedenklichen, die Begeisterungslosen, die Unentschiedenen, die Vorsichtigen, Alle, die dem beliebten Princip des **Abwartens** huldigen, jenem Princip, das, wenn es wirklich das herrschende wäre, die Welt zu einem ewigen Stillstand verdammte — diese sind natürlich zu Hause geblieben und werden erst später zu uns kommen — werden kommen, da Sie, verehrte Anwesende, ja gekommen sind. Darum dank' Ihnen, daß Sie ein würdiges Beispiel gegeben haben — **Ihr Kommen ist eine muthige That**; denn es ist der erste Schritt zu unserem Ziele! — Dank auch **den Männern**, die nicht, wie so viele, nur den Fortschritt der **einen** Hälfte des menschlichen Geschlechtes, sondern die den Fortschritt der ganzen **Menschheit** wollen und darum auch die Frauen nicht ausschließen von der gleichen Bahn. Dank besonders auch den Mitgliedern des Arbeiterbildungsvereins, die unserm Wirken schon so oft ihre Theilnahme bezeigten. Wie die Arbeiter überhaupt die Stütze der Nationen sind, so erfüllt es uns mit gerechtem Stolze, gemeinsam mit ihnen zu wirken." Mit dem Dichterworte:

Nur die Begeisterung allein hat Werth,
Die niemals weicht — nur reiner sich verklärt!

erklärte die Rednerin die Frauenconferenz für eröffnet.

Frl. **Auguste Schmidt**, Lehrerin in Leipzig, entwickelte in längerer Rede die **natürliche Berechtigung der Frauen**, sich aus der bisherigen Unterordnung zu der ihnen gebührenden der Gleichberechtigung neben dem Manne emporzuheben. In der Frau lebe ein Zug nach dem Ewigen und als Erzieherin ihrer Kinder arbeite sie für die Ewigkeit. Aber die Reformation der Frauenstellung liege auch zumeist in der Hand der Frauen selbst und mehr als ein etwaiger Widerstand des männlichen Egoismus sei die Theilnahmlosigkeit derjenigen Frauen zu fürchten, die in den beschränkten Lebensverhältnissen, in der ewigen Kindheit und Unterordnung sich glücklich und befriedigt fühlten. Weniger als im **Nichtwollen** liege die Gefahr im **Nichterkennen**. Das Haus bleibe immer ihre nächste und schönste Wirkungsstätte, aber wolle sie sich auch hier begnügen, nur Handlangerdienste zu thun und zufrieden zu sein, wenn nur ein Stein nothdürftig auf den andern paßte, so werde sie das Geistesleben des Gatten nie verstehen lernen — und das sei leider in Deutschland mehr als bei andern Nationen der Fall. Nicht nur um Wissenschaft handle es sich hier, deren Cultus ja immer nur Einzelnen zufalle, sondern um richtiges Urtheil in allen Verhältnissen. Das aus Mangel an Urtheil und Verständniß unterlassene Gute bilde eine große Summe. Das Leben in Zusammenhang bringen mit der Welt des Hauses, das sei der rechte Weg für die Frau. Geistesbildung sei ein unentbehrliches Glied der harmonischen Gestaltung im Frauenleben, die Welt des Gemüths und Gefühls sei nicht allein ohne die Welt des Verstandes im Stande ein dauerndes Glück in harmonischer Gleichberechtigung zu schaffen. Aber auch diejenigen, welche nicht das Glück gefunden, Gattinnen und Mütter zu werden, können von der Welt das Recht der Arbeit fordern, weil sie Menschen sind, die nicht vegetiren, sondern arbeiten. Dies Recht der Frauen von Seiten der Männer zu bekämpfen, sei weder edel noch klug. Durch den Müssiggang entstehe die Verderbniß, aber über die verschwindende Jugend hinaus bleibe den zur Selbstständigkeit Erstarkten die wahre sittliche Kraft, welche das mit Bewußtsein und freiem Willen schafft, was sonst nur die angelernte Gewohnheit that. Bewußtes Handeln, das ist was vor Allem fehlt: über das specifisch Weibliche wird das Menschliche vergessen. — Einen neuen Lebensodem wird die Wiedergeburt der Frau in die Schöpfung bringen; Menschen werden wollen die Frauen und theilnehmen am Kranz der Arbeit und des Sieges. Dann wird Alles besser werden und auch die bestehenden Fehler, wie Eitelkeit, Luxus u. s. w., werden sich harmonisch ausgleichen — wenn die Frau erst berechtigt wird, sie erkennen zu lernen. Zum Dienst der Liebe für die ganze und große Frauenwelt sei die Frauenconferenz berufen, nur nach schwerem Kampfe mit der Zaghaftigkeit trete sie zum öffentlichen Wirken, in dem nur das innere Bewußtsein der guten Sache sie nicht wanken lasse. Irren auf dem betretenen Wege sei wahrscheinlich, aber auch die Früchte gemeinsamen Wirkens würben nicht ausbleiben. Nur muthig und unverzagt ausgeharrt, dann werde der hohe Geist, der auch das Weib mit der Sehnsucht zu nützen, geschaffen habe, ihm auch beistehen zum Siege!" — Hierauf wies Herr Hpt. Korn in einem Vortrage nach, wie die **Macht der Verhältnisse** zur Reformation der Zustände triebe. Vor der politischen Frage stehe die **Brotfrage** in der Frauenreformation (die Ehe hatte er als eine „Futterfrage" der Frau bezeichnet). Eine Industrieausstellung für die Arbeiterinnen Deutschlands, **freies Arbeitsfeld** für die den Frauen zugänglichen Beschäftigungen und eine Unterstützungsanstalt für Bedrängte schlägt er als erste Zwecke der Frauenbestrebungen vor. Nach einigen sachlichen Vorstandsbemerkungen ward die Vorversammlung geschlossen.

In der ersten Sitzung der Frauenconferenz, 16. Octb. Morgens im Schützenhaus wurde Frau Otto-Peters zur Präsidentin, Frau Schönwasser aus Düsseldorf zur Vicepräsidentin gewählt. Außerdem befanden sich noch Frl. Hirsch (J. Heynrichs) aus Berlin, Frau Grans aus Weimar und Frau Dur-Uhlich am Vorstandstisch. Herr Hpt. Korn bringt die von ihm verfaßten Vorlagen zum Statut des Deutschen Frauen-Vereins zum Vortrag, zu deren Redaction ein Comité, bestehend aus den Damen Otto-Peters, Schönwasser, Winter aus Leipzig und Grans und den Herren Prof. Eckardt, J. Heinrichs und Hpt. Korn gewählt wird. — Die nun beginnenden Verhandlungen boten eine Menge interessanten Stoffes und gelangten in musterhafter Ordnung zu dem einstimmigen Ziel einer bestimmten Resolution über die nächsten und nothwendigsten Zwecke des zu bildenden allgemeinen Frauen-Vereins. Wir wollen nur kurz die Gegenstände der reichen und ziemlich schnell verfließenden Tagesordnung berühren. Herr Hpt. Korn sprach über „Frauenarbeit," für welche er eine Industrieausstellung fordert, über Jugendgärten, Mädchenherbergen u. s. w. Die Versammlung nahm dabei folgenden von Prof. Eckardt gestellten Antrag an:

„Die erste deutsche Frauenconferenz erklärt die **Arbeit**, welche die Grundlage der ganzen neuen Gesellschaft sein soll, für eine **Pflicht** und **Ehre** des weiblichen Geschlechts, sie nimmt dagegen das **Recht der Arbeit** in Anspruch und hält es für nothwendig, daß alle der weiblichen Arbeit im Wege stehenden Hindernisse entfernt werden."

Frau Korn referirte über Industrieschulen, um Mädchen für geeignete Gewerbe vorzubereiten. In der folgenden Debatte wird daneben auch die Association zu Gewerben empfohlen und beides für ausführbar und wünschenswerth erklärt. Eine Verneinung der Berechtigung der Frauenarbeit wegen Ueberbürdung des Arbeitsmarktes wird entschieden zurückgewiesen, wohl aber Einigung der Frauen mit den Männern für nothwendig erkannt, damit die Preise nicht verschlechtert werden. Für die Associationen werden Creditcassen vorgeschlagen; die Association würde auch die Vereinzelung und die damit verbundene Scheu des Vorurtheils beim Einzelheraustreten aus gewohnten Kreisen beseitigen. Herr H. Korn referirt über Begründung von Handelsschulen, Frl. Pauline Schmidt aus Quedlinburg über Oekonomieschulen, Frl. Auguste Schmidt über Fortbildungsanstalten (mit Bezugnahme auf den schon erwähnten Leipziger Frauenbildungsverein und seine Sonntagsschule), Prof. Eckardt spricht über weibliche Hochschulen — freilich vorläufig Ideale, die in der Zukunft reifen müssen. Die philosophischen Wissenschaften würden die nächstliegenden sein, außerdem die der Medicin. Näher liege die Ausbildung von Lehrerinnen, von denen eine von ausgezeichnetem Wissen eben gesprochen, welcher Schatz für Deutschland müsse eine Reihe solcher Lehrerinnen werden! — Frl. Hirsch wünscht auch Latein und logisches Denken nicht zu vergessen. Frau Otto=Peters fordert den ärztlichen Beruf für die Frauen als ganz besonders geeignet und theilt mit, daß eine Sachsin Frau Auguste Herz nur noch ein Examen zu bestehen habe, um dann in Sachsen das Recht zu orthopädischer Praxis zu erhalten. (Ist nun bereits geschehen.) Nach weiteren lebhaften Debatten lautet die einstimmig angenommene Resolution:

1. Wir halten es für ein unabweisbares Bedürfniß, die weibliche Arbeit von den Fesseln des Vorurtheils, die sich von den verschiedensten Seiten gegen sie geltend machten, zu befreien. Wir halten in dieser Hinsicht neben der Agitation durch Frauenbildungsvereine und die Presse, die Begründung von Productiv=Associationen,

welche den Frauen vorzugsweise empfohlen werden, die Errichtung von Industrie-Ausstellungen für weibliche Arbeitserzeugnisse, die Gründung von Industrieschulen für Mädchen, die Errichtung von Mädchenherbergen, endlich aber auch die Pflege höherer wissenschaftlicher Bildung für geeignete Mittel, dem Ziele näher zu kommen.

2. Die Conferenz beauftragt den ständigen Ausschuß des Frauenvereins sich mit diesen Punkten eingehend zu beschäftigen, die nöthigen Vorbereitungen zu treffen und der nächsten Frauen Versammlung das Material vorzuführen, auf Grund dessen definitive Beschlüsse zur Ausführung der gedachten Maßnahmen erfolgen können.

In der zweiten Sitzung am folgenden Tage ward das vom Redactionscomité redigirte Statut des Allgemeinen deutschen Frauenvereins berathen und angenommen. Es lautet:

§. 1. Der „allgemeine deutsche Frauenverein" hat die Aufgabe, für die erhöhte Bildung des weiblichen Geschlechts und die Befreiung der weiblichen Arbeit von allen ihrer Entfaltung entgegenstehenden Hindernissen mit vereinten Kräften zu wirken.

§. 2. Frauen und Mädchen, welche die Großjährigkeit erreicht, erlangen die Mitgliedschaft durch Eintrittserklärung, eine einmalige Eintrittsgebühr von ¼ Thaler und einen jährlichen Beitrag von 2 Thalern. Jüngere Mädchen können gegen einen Jahresbeitrag von 1 Thaler als Zuhörerinnen ohne Stimmrecht zugelassen werden und an allen Vortheilen der Vereinigung theilnehmen. Männer, die sich für die Zwecke des Vereins interessiren und dies bethätigen, können als Ehrenmitglieder mit berathender Stimme aufgenommen werden, ebenso solche Frauen im Auslande, die für die Frauensache in rühmlicher Weise thätig waren.

§. 3. Die Einnahmen bestehen a) aus den Jahresbeiträgen der Mitglieder, b) aus den freiwilligen Beiträgen der Männer, c) aus den Erträgen von Abendunterhaltungen, Concerten, Lotterien u. s. w.

§. 4. Die Mitglieder, welche in einzelnen Orten in größerer Zahl wohnen, sind dringend eingeladen, Localvereine zu bilden, welche mit dem Vorstande in regem Verkehr zu bleiben haben.

§. 5. Mit der Leitung wird ein Vorort beauftragt, der jedes Jahr wieder ernannt werden kann. Am Vororte wird ein Vorstand, der die laufenden Geschäfte zu besorgen hat, aus fünf Mitgliedern bestehend, bestellt. Der Vorstand kann auch männliche Ehrenmitglieder beiziehen; sie haben berathende Stimme. Der Vorstand bildet mit zehn auswärtigen Mitgliedern den weiteren Ausschuß, der in wichtigen Fragen zusammenberufen wird und sich andere Mitglieder cooptiren kann. Der Vorstand und Ausschuß wird jedes Jahr neu gewählt.

§. 6. Womöglich tritt jedes Jahr ein vom Vororte einberufener Frauentag zusammen; der Sitz desselben wechselt jährlich. Die Localvereine sind gehalten, zu dem Frauentag Vertreter zu schicken. Doch steht die Theilnahme jedem einzelnen Mitgliede des allgemeinen deutschen Frauenvereins frei.

§. 7. Eine Revision der Statuten kann, wenn sie wünschenswerth erscheint, an jedem Frauentage vorgenommen werden, jedoch sind zu jeder Aenderung ¾ der Stimmen der Anwesenden erforderlich.

Zum Vorstand wurden bei der Gründung erwählt: **Louise Otto-Peters. Auguste Schmidt. Ottilie v. Steyber. Alwine Winter. Anna Voigt.** Als die Kornsche allgemeine Frauen-Zeitung als Vereinsorgan in Vorschlag kam, sprach Frl. Auguste Schmidt über die Nothwendigkeit, daß der Verein ein eignes Organ haben müsse und da Frau Otto-Peters und Frl. Hirsch zur Mitredaction berufen seien, dürfe man annehmen, daß das Blatt künftig den Ansprüchen mehr genügen werde als bisher. Unter dieser Voraussetzung ward der Beschluß gefaßt, für das Organ des Vereins, wenn derselbe 120 Mitglieder zähle, eine kleine Subsidie zu bewilligen. — Sodann ward Leipzig zum Vorort für dies Jahr und die oben genannten Damen wurden zum Vorstande gewählt. Zum Ausschuß wählte man die Damen **Schönwasser** aus Düsseldorf, **Grans** aus Weimar, **Dur-Uhlich** aus Magdeburg, **Bertha Heine** aus Braunschweig, **Hirsch-Heynrichs** aus Berlin, **A. Volckhausen** aus Hamburg, **L. Büchner** aus Darmstadt, **A. Löhn** aus Dresden und **Er. Eckardt** aus Mannheim. (Die letzten vier Abwesenden haben nachträglich angenommen, eine, die ablehnte, haben wir nicht erst genannt, an ihre Stelle ward später vom Ausschuß Frau Amalia Ligonti in Krems ernannt.) Die Herren Eckardt und Heinrichs wurden zu Ehrenmitgliedern ernannt. Hiermit waren die Arbeiten der Frauen-Conferenz beendigt und Frl. Auguste Schmidt schloß dieselbe mit wahrhaft weihevollen Worten. Wie sie von dem noch kleinen Häuflein der Frauen Ausdauer und unwandelbaren Muth im Vorwärtsstreben zum edlen und guten Ziele erbat, so von der öffentlichen Meinung und ihren Vertretern gerechte Beurtheilung und freundliche Duldung." —

Der Referent, J. Mühlfeld, den wir citirten, schließt seine Berichte mit folgenden Worten: „Unsere herzlichen Wünsche und Sympathieen, die seit Jahren der Frauensache gehören und die vor dem Takt und der Haltung dieser Frauenconferenz sich nur steigern konnten, begleiten das schöne und große begonnene Werk: — selbst u n w ü r d i g der Freiheit ist der, welcher ein Freiheitsstreben bekämpft, selbst verächtlich der, welcher im Dienst des Vorurtheils und Egoismus das Recht der freien M e n s c h e n w ü r d e, der freien Arbeit und Selbstbestimmung Anderer verachtet und unterdrückt. Das mögen die letzten Gegner der wahren, würdigen und zum Wohl und Heil der Menschheit und kommender Geschlechter n o t h w e n d i g e n Emancipation der Frauen zur geistigen und socialen Unabhängigkeit n e b e n den Männern nicht vergessen!" —

Mit g l e i c h e r Anerkennung haben sich a l l e Blätter, die über die erste Frauenconferenz berichteten, ausgesprochen — die Kritiker, die g e g e n sie auftraten, s i n d a l l e n i c h t s e l b s t d a b e i g e w e s e n, sie haben nur erst viel später, entweder als principielle Gegner der Frauenerhebung oder weil gewisse Personen doch Alles bemängeln müssen, hinterher ihre Glossen und Einwände gemacht. Das Vorwort dieser Schrift weist dieselben zurück und wir wollen uns hier nicht weiter mit ihnen beschäftigen.

Eines nur müssen wir noch erwähnen. Es ist dem Herrn Hpt. Korn für seine Anregungen und Bemühungen Dank gesagt und bewiesen worden, aber so weit konnte die Dankbarkeit nicht gehen s e i n e V e r e i n s s t a t u t e n anzunehmen und ihm die Leitung des Ganzen zu überlassen, und darum ist nun er selbst der erbittertste

Gegner des Allgemeinen deutschen Frauen-Vereins geworden und aus ihm getreten. Weder die Verhältnisse seiner Frauen-Zeitung selbst noch die Stellung, welche er den erwählten Schriftstellerinnen nachträglich dabei einräumen wollte, erlaubten es, seine Zeitung wirklich zum Vereinsorgan zu machen und so sah man sich genöthigt, als solches ein neues Blatt „Neue Bahnen," Organ des Allgemeinen Deutschen Frauenvereins, herausgegeben von Louise Otto und Auguste Schmidt, redigirt von R. Rößler-Mühlfeld, zu gründen.

Seitdem häufte Herr Korn Schmähungen auf den Verein und dieselben Personen, die er früher als Muster hinstellte — und somit können wir über seine wie über unsre Handlungsweise ruhig schon die Zeitgenossen richten lassen. —

Wie klein auch der im Stillen fortwachsende „Allgemeine deutsche Frauen-Verein" noch sein mag: seine Gründung ist dennoch von äußerster Wichtigkeit, denn nur in dem Losungswort: „Alle für Eine und Eine für Alle" kann die Förderung gemeinsamer Bestrebung, die Wahrung gemeinsamer Interessen gefunden werden.

Geschrieben von Einzelnen und fast auch wieder nur von Einzelnen gelesen, war schon so Manches über die Stellung der Frauen, ihre Rechte und Pflichten, aber nur äußerst gering waren die dadurch erzielten Resultate in Bezug auf das Eingreifen in die Lebensverhältnisse der Gegenwart. Was Einzelne hinter ihren Schreibtischen sitzend schreiben und Andere im stillen einsamen Stübchen oder selbst im Familienzimmer lesen und beifällig aufnehmen, das bedarf, um wirklich in's Leben eingreifen zu können, wirklich zu einer Veränderung bestehender Zustände zu führen, doch noch eines andern Weges als den der Presse. Die Presse ist bei jedem Fortschritt nur der erste Pionier, nur der Führer und Fahnenträger — aber den Voranschreitenden müssen Andere folgen, die handelnd und thätig mit eingreifen im Dienst der Idee, sonst gelangt sie nicht zum Siege, nicht zur Realisirung durch das Leben.

In dem Programm des Vereins sind eine Menge Mittel und Wege angegeben, mit und auf welchen eine Verbesserung in der

Lage der Frauen in Angriff zu nehmen ist. Der erste Schritt, den also jede deutsche Frau zu thun hat, welche nach einem Wirken für das Allgemeine sich bisher vergeblich sehnte, ist zu diesem Verein zu treten; sie wird dadurch ein Glied in der großen Kette eines Ganzen, sie tritt damit ein in eine Gemeinschaft, in der es ihr leicht wird sich und Andern zu nützen und ihre Kräfte in Verbindung mit denen Anderer doppelt nutzbar zu machen.

Alle die deutschen Frauen und Mädchen, die so oft mit dem Verhängniß grollten, die darüber seufzten und stöhnten, daß es ihnen mitten in einer nach allen Richtungen hin thätigen Zeit an einem Wirkungskreis fehlte, auch mit thätig einzugreifen in den Fortschritt des Menschengeschlechts, auch sich mit zu betheiligen an der Arbeit des Jahrhunderts — diese Alle finden nun für ihre Bestrebungen die Basis, welche sie bisher vergeblich suchten. Sie finden darin auch die Gelegenheit etwas zu thun für die Hebung des eignen Geschlechts, an der es in diesem Maße bisher fehlte; denn das war es ja eben, was auch diejenigen Frauen, welche die Schäden in der Stellung und Lage des weiblichen Geschlechts in der Gegenwart erkannt hatten, so niederdrückte, mißmuthig und verzagt machte, daß im großen Ganzen weder Etwas geschah für die Frauen noch von den Frauen. Die Eitelkeit einzelner besonders befähigter und glücklich gestellter Persönlichkeiten konnte wohl in sich selbst darin Befriedigung finden, als eine Ausnahme ihres Geschlechtes durch ihre Leistung auf dem und jenem Felde zu glänzen oder sich selbst dadurch eine ehrenvolle und ebenbürtige Stellung inmitten der Männerwelt zu erobern: aber Diejenige, der es, frei von dieser Eitelkeit, nicht um das eigene Selbst, sondern um die S a ch e selbst zu thun war, konnte selbst eine solche scheinbar vortheilhafte Stellung nur mit Wehmuth einnehmen, und mußte das lebhafteste Verlangen in sich tragen, das, was sie selbst erreicht, vielleicht mühsam erkämpft, nicht nur für sich, sondern auch für ihre Mitschwestern erreichen und erkämpfen zu können.

Und nun ist die Bahn geöffnet und ein weites Feld der Thätigkeit liegt vor allen Frauen da, ein Feld, das recht eigentlich ihnen allein gehört und dessen Bearbeitung nicht als unweiblich verschrieen werden kann.

Auch Diejenigen, die aus Mangel an Zeit dem Verein nur ihren Beitrag geben können, wirken für die gute Sache. Neben ihnen aber befindet sich die große Schaar derer, welche bislang klagten, daß es für alle Klassen und Zwecke der gegenwärtigen Gesellschaft und ihre Interessen förderliche Vereine gebe, aber nicht für die Interessen der Frauen, Alle, welche die Sehnsucht in sich fühlten die Lage der Frauen zu verändern, zu verbessern und wohl darüber jammern, daß sie nicht wüßten wie das anzufangen sei und über die Unthätigkeit und Nutzlosigkeit, zu der sie sich für immer verdammt wähnten, wohl gelegentlich in Verzweiflung geriethen: diese haben nun hinreichend Gelegenheit zu beweisen, ob solche Aeußerungen nur momentane Gefühlsaufregungen, ob es ihnen Ernst damit ist, nun in den Kreis des Wirkens einzutreten, der ihnen nun geöffnet ist. Sie können durch Wort und Beispiel Proselyten machen für die Ideen des Allgem. deutsch. Frauenvereins, können in ihrer Heimath, ihrer Stadt sowohl Frauenbildungsvereine gründen, als auch auf dem und jenem Gebiet praktisch für die weiblichen Interessen thun, was, je nach den lokalen Verhältnissen ihres Wohnorts, sich thun läßt, und was ihnen überhaupt das Nächstliegende scheint.

Die Frauen sind somit eingetreten in den Kreis des öffentlichen Wirkens — sie haben einen großen moralischen Sieg davongetragen, einzig und allein durch den nicht minder großen moralischen Muth, der sie für eine als gut erkannte Sache in die Schranken treten ließ.

Es ist durch die Frauen=Conferenz auch an die öffentliche Meinung appellirt worden — und es hat sich gezeigt, daß dieselbe weit mehr als dies früher der Fall, ja, als zu erwarten war, auf der Seite der Frauen steht. Der Versuch, die Frauen=Conferenz lächerlich zu machen, der sehr zu fürchten war, ist doch nur wenig gewagt worden — die meisten Blätter haben ihr beigestimmt und die Feinde der Sache haben wohl eingesehen, daß diese selbst ihnen zu groß geworden, um sie mit ein paar leichtfertigen Witzen abzuthun.

Es ist ein großes, heiliges Princip in der Weltgeschichte, daß alles Neue, und wenn es noch so lebensfähig, wenn es noch so wohl=

vorbereitet in die Welt tritt, seine Gegner findet in den Anhängern des Alten, in Denen, welche von keinem Vorwärts, keinem Streben darnach etwas wissen wollen. Solche Gegner findet natürlich auch der Frauenverein und Alles was mit ihm zusammenhängt, er findet sie wie jede ähnliche Bewegung der Neuzeit, deren Streben darauf gerichtet ist, die alte Welt immer mehr zu erlösen von jedem Bann, von jedem Drucke, der das rastlos rollende Rad der Zeit zum Stillstand zwingen will. Aber eine solche Gegnerschaft ist ja nur eine Anerkennung der weiblichen Wirksamkeit mehr, sie kann sie nicht hindern, sondern muß sie fördern, weil jeder Kampf die Kräfte der Streitenden übt und erstarken macht! —

Die Frage der „Frauenarbeit" und „Frauenbildung" ist seitdem mächtig in den Vordergrund getreten. Keine Zeitung nimmt man in die Hand, kein Verein, keine Volksversammlung findet statt, in der nicht diese Frage discutirt würde — sei's im Sinne des Fortschrittes, sei's in dem des Stillstandes, ja der krassesten Reaction: — sie von sich zu weisen, zu ignoriren, wie es so lange halb bewußt, halb unbewußt geschehen, wagt Niemand mehr, ja es kommt sogar vor, daß Diejenigen, welche dies früher thaten, sich jetzt stellen, als wären sie stets durchdrungen gewesen von der Nothwendigkeit einer Lösung dieser Frage.

Uns ist jede Bestrebung willkommen, die diesem Ziele gilt, möge sie ausgehen von wem sie immer wolle, möge sie Hand in Hand gehen mit dem Allgemeinen deutschen Frauenverein oder ihn ignoriren: wir sehen Alles mit Freuden geschehen, was geschieht, um die Frauenfrage ihrer Lösung immer näher zu führen: an der Ueberzeugung aber halten wir fest, daß ihre wirkliche Lösung nur gefunden werden kann durch die Frauen selbst, durch ihren eignen Willen und ihre eigene Kraft, daß jede andere Lösung nichts ist als ein Präservativ, das nur auf kurze Zeit helfen kann, dann aber doch wieder als unnütz beiseit geworfen werden muß.

Das Recht der freien Selbstbestimmung ist das heiligste und unveräußerlichste jedes vernunftbegabten Wesens — wer sich dasselbe rauben läßt, wer freiwillig darauf verzichtet, der ver=

sündigt sich an seiner eignen Menschenwürde — und es bewährt sie nur, wer freudig seine Kraft einsetzt, jenes Recht zu bewahren oder sich zu erringen, wo man es ihm noch nicht gegeben oder wo man es ihm genommen hat.

Auch die Frauen dürfen nur **wollen**, so muß ihnen **werden was sie wollen**!

Willkommen ist uns die Mithilfe aller edlen Männer zu diesem Recht der freien Selbstbestimmung — **den Männern aber, die ohne dasselbe gelten zu lassen** den Frauen vielleicht auch auf neuen Gebieten Erwerbsthätigkeit zuweisen und ihnen gewissermaßen ihre Hilfe octroyiren, weil es unweiblich sei sich selbst zu helfen, müssen wir sagen: daß es das Unweiblichste ist was es giebt, wenn Frauen in ihren Frauenangelegenheiten die Männer entscheiden lassen. Was sich für sie ziemt und was sich **nicht** geziemt, wußten von je die Frauen selbst am besten.

VI.

Fortschritte und Aussichten weiblicher Erwerbsthätigkeit.

Haben wir in dem Vorhergehenden die Nothwendigkeit gezeigt, daß auch die Frauen selbstständig werden, Gelegenheit zu nützlicher Thätigkeit, zur Arbeit und zum Erwerb finden müssen, so wollen wir nur noch in der Kürze andeuten, auf welchen Gebieten sich ihnen zunächst Aussichten dazu eröffnen.

Vom Gebiete der Kunst, das dem weiblichen Geschlecht schon immer offen stand, könnten wir billig absehen, denn hier ist wenigstens in einigen Zweigen ihre Berechtigung eine so ziemlich dem männlichen Geschlecht gleiche und kann für andere Fächer als Muster aufgestellt werden.

So ist z. B. in den Conservatorien für Musik die Stellung der Zöglinge eine ganz gleiche und was z. B. den Gesang und das Pianofortespiel betrifft, so kann man auch sagen, daß die Leistungen so ziemlich gleich sind. Es giebt vielleicht ebenso viel anerkannte und tüchtige Pianistinnen wie Pianisten, und am Gesang ist es sogar gewiß, daß es mehr treffliche Sängerinnen als Sänger giebt, was wir eben darin suchen wollen, daß mehr Mädchen als Jünglinge zu diesem Fach sich wenden, aus dem sehr natürlichen Grunde, weil die Mädchen eben nur sehr wenig Gelegenheit zu einem Beruf und Erwerb vor sich sehen und also, wenn sie nur einige Neigung dazu empfinden, nur einige Anlagen dafür an ihnen entdeckt werden, sie auch sogleich zu diesem Fach sich wenden: fast dem einzigen, in dem ein Mädchen sich eine glänzende Existenz erwerben kann — während dem Manne ja jede Wahl frei steht. Freilich ist jener Glanz oft nur eine trügerische Lockung und von Hunderten, die mit der Hoffnung auf die Tausende eines Primadonnengehaltes das Conservatorium besuchen, erringt sie einmal eine, während die Andern als Concertsängerinnen ein kümmerliches Dasein fristen oder als Sängerinnen an kleinen Bühnen eben so dem Untergange preisgegeben sind wie die Schauspielerinnen, die ohne Talent auch nur um der Existenz willen eine Laufbahn wählten, die ihre sehr gefährlichen Seiten hat.

Zu allen diesen Gebieten würde die Talentlosigkeit sich weniger drängen, wenn es mehr andere Gelegenheiten gäbe, Beruf und Erwerb zu bieten. Ganz dasselbe ist mit dem Schriftstellerthum der Fall. Vielleicht nie ist die Zahl der schreibenden Frauen so groß gewesen wie jetzt — und wenn viele darunter sind, die nur sehr Untergeordnetes leisten, die ohne innerlichen Beruf nur für Geld schreiben (was aber auch bei den Männern gerade so oft vorkommt, nur daß sie nicht die Entschuldigung haben, daß sie keine andere Gelegenheit hätten sich Existenzmittel zu verschaffen), so liegt die Ursache davon auch im Mangel andrer lohnender Beschäftigung.

Wenn man uns darum etwa entgegenhält: die Kunstgebiete wären schon jetzt von Frauen, unter denen die Hälfte meist zu den Mittelmäßigkeiten gehöre, überfluthet, dies würde noch weit mehr geschehen, wenn die Frauen im Allgemeinen zu höherer Bildung und zu dem Bewußtsein gebracht würden, einen selbstständigen Beruf und Erwerb haben zu müssen, so sagen wir gerade umgekehrt: sie werden die Gebiete der Kunst viel weniger überfüllen, wenn ihnen andere

Gebiete offen stehen, wenn es auch auf andern möglich ist eine un=
abhängige, ehrenvolle und einträgliche Lebensstellung zu erringen. -

Den Künstlerinnen und Schriftstellerinnen gestattet man allen=
falls sich frei zu bewegen, man betrachtet sie in einer Art von Aus=
nahmezustand, durch den man sie vielleicht ehren will, durch den auch
die Egoistischen und Eitlen unter ihnen sich geehrt fühlen mögen:
der aber Diejenigen, die nicht bloß von ihrer eignen Leistungsfähig=
keit, sondern von der ihres ganzen Geschlechtes und seiner Würde
durchdrungen sind, auf's Tiefste gerade in ihrer weiblichen Würde
verletzen muß. — Nie ist es der Verf. eingefallen, dies oder jenes
Recht zu männlicher Gleichstellung in Anspruch zu nehmen, weil die
Schriftstellerin den Schriftstellern gleich steht — sie hat es nicht als
eine „Belohnung" und „Auszeichnung" für etwaige Verdienste, sie
hat es als ein Recht im Namen aller Frauen gefordert und betrach=
tet, und bei jeder Ausnahmestellung, die man ihr „aus Gnaden"
zutheilen wollte, mit Posa gesagt: „O nicht um mich war mir's zu
thun, nicht meine Sache wollt' ich führen." —

Auf musikalischem Gebiet ist, wie gesagt, die Gleichstellung der
Geschlechter wenigstens theilweise vollzogen und man kann die Con=
servatorien für Musik sehr gut als Musteranstalten denen entgegen=
halten, welche z. B. die Frauen nur deshalb von höheren wissenschaft=
lichen Studien ausschließen wollen, weil sie gemeinschaftliche Lehran=
stalten für unmöglich halten. Was in einem Conservatorium geht,
kann auch in andern Fächern gehen! Es können außerdem auch an
höheren Lehranstalten sehr gut Sectionen für Mädchen errichtet wer=
den, denn uns selbst kann allerdings nichts ferner liegen, als etwa
der Wunsch: es möchten sich einzelne Mädchen unter eine rohe Stu=
dentenschaft mischen. — Mit den Kliniken, in welchen Chirurgie
gelehrt wird, sind sehr häufig Institute für Hebammen verbunden.
Die Frauen, die sich diesem äußerst wichtigen Beruf widmen, gehö=
ren doch meist den Ständen an, in denen die Mädchen gerade keinen
sorgfältigen Unterricht genießen, sie kommen also meist ohne alle
Vorkenntnisse in die Anstalt — dennoch versichern sachkundige Aerzte,
daß sie sehr bald ihre Aufgabe begreifen und das keineswegs leichte
Examen fast immer zur Zufriedenheit, oft glänzend nach einem ver=

hältnißmäßig sehr kurzen Lehrcursus bestehen. Was also in diesem einen Zweige medicinischer Studien erreicht werden kann, wird wohl in jedem anderen auch zu erreichen sein. Man könnte mit solchen Kliniken z. B. Sectionen für Orthopädie für Damen verbinden, ein Berufszweig, der sich nicht minder für die Frauen eignet. Wir gedachten schon einer sächsischen Frau, welche die betreffenden medicinischen Studien bei einzelnen Professoren gemacht und die Erlaubniß zur Praxis erhalten hat. Dieselbe ist bereits eine sehr ausgedehnte und zwar nicht allein um des außergewöhnlichen Rufes dieser genialen Frau willen, sondern gerade weil sie eine Frau ist. Jedes weibliche Wesen wird sich besonders in Fällen, wo eine Besichtigung des Körpers nöthig ist, wie bei Verkrümmungen, lieber von einer Geschlechtsgenossin untersuchen und behandeln lassen; und ganz aus demselben Grund als eine Forderung der Weiblichkeit sind weibliche Aerzte auf das bringendste zu wünschen. In Amerika sind dieselben längst üblich und die Frage: ob die Frauen auch dazu befähigt sind, ist schon keine Frage mehr. Wenn man als Schwierigkeit des weiblichen Studiums derselben will geltend machen: daß zu viel Ueberwindung des Schaamgefühls erfordert werde, wenn Mädchen von Professoren sich über den menschlichen Körper sollen gründlichst unterrichten lassen — so halten wir einmal wieder entgegen: warum man dies nicht auch bei den Hebammen fragt? und dies wäre eben nur eine Frage für die Zeit des Ueberganges — denn giebt es einmal weibliche Aerzte, so wird es unter diesen auch solche geben, welche ihre Geschlechtsgenossinnen lehren können. Aber auch ganz abgesehen davon ist jenem Einwurf doch damit zu begegnen: wenn es schlimm ist, daß einzelne Frauen im Dienst der Wissenschaft ihr Schaamgefühl unterdrücken müssen — ist es denn dann nicht tausendmal schlimmer, wenn alle Frauen im Dienst ihrer Gesundheit dies zu thun verdammt sind? Gerade um die Frauen von solcher Nothwendigkeit zu befreien, wünschen wir weibliche Aerzte und die Borniertheit des Vorurtheils gegen einen solchen Fortschritt zu edler Sittlichkeit zeigt sich gerade hier in schlagender Weise. Es dürfen — im Durchschnitt — nicht zehn etwas „Unweibliches" thun, besser ist es, wenn dafür Alle sich das Unweiblichste gefallen lassen! Es schadet der Sitte, wenn ein Mädchen anatomische Vorlesungen hört — das aber schadet nicht, wenn in der Klinik die schwangern und gebärenden Frauen, wovon viele gleichzeitig in einem Saal sich befinden, von einer Schaar junger studirender Männer untersucht und beobachtet werden — das heißt das Herkommen gut! Mögen doch Männer die Männerkörper studiren, aber die Frauen überlasse man den Frauen. —

Eine Hochschule nur für Frauen war schon 1849 in Hamburg gegründet worden — aber in den Jahren der Reaction mußte auch sie wieder verschwinden, wie Alles was dem Fortschritt huldigte und von Männern und Frauen des Fortschritts gegründet worden war.

Dafür sind wenigstens aller Orten Lehrerinnenseminare entstanden und diejenigen Mädchen, welche sich dem Lehrstande widmen, haben nicht mehr nöthig nur Gouvernantenstellen anzunehmen, um darin zu wirken, sie werden fast in allen deutschen Staaten zum Examen zugelassen und nicht nur an Privat= sondern auch an städtischen Schulen angestellt. In Mädchenschulen den Unterricht von Frauen, welche die nöthige Befähigung besitzen, ertheilen zu lassen, stellt sich allgemein als zweckmäßiger heraus und voraussichtlich wird die ganze Angelegenheit noch diese Wendung nehmen. Da die Schullehrer bekanntlich fast überall so schlecht gestellt sind, daß ein Mann meist in jeder andern Branche bessere Aussichten für die Zukunft hat, so widmen sich, seit dem letzten Jahrzehent namentlich, viel weniger Jünglinge diesem Berufe, als Lehrer gebraucht werden und man wird bei der Verbesserung und Verallgemeinerung des Unterrichts in Zukunft immer noch mehr brauchen und so kommt hier die Nothwendigkeit den Frauen zu Hilfe: der Staat sieht sich, gleich den Privatanstalten, genöthigt Frauen anzustellen, weil die Männer nicht ausreichen. — So wie es bisher nur Lehrerinnen in weiblichen Arbeiten, Sprachen, Musik und Malerei gab, so wird es bald eben so viel Schullehrerinnen geben und wenn dadurch die Concurrenz der ersteren vermindert wird, so kann sich auch deren Lage besser gestalten als es jetzt der Fall ist.

Durch Gründung der Kindergärten ist ferner unzähligen Frauen ein passender Wirkungskreis eröffnet worden. Wie der Gründer derselben Friedrich Fröbel dieser wichtigen Angelegenheit die That=

kraft und Begeisterung eines ganzen Lebens widmete, so ward sie mit gleicher Begeisterung von seinen Schülerinnen aufgenommen und verbreitet. Da es vorzüglich die deutsch=katholischen Gemeinden waren, die diese Angelegenheit zuerst mit zu der ihrigen machten und Fröbel's ganzes System darauf beruht, die Kinder zu gesunden und selbstdenkenden Wesen zu erziehen, so war es eben so naturgemäß, wenn die Kindergärten derjenigen Partei ein Dorn im Auge waren, der nichts so verhaßt ist, als wenn die Zahl der Selbstdenker unter den Staatsbürgern sich mehrt. Diese Partei bot demnach Alles auf, die Kindergärten zu hemmen und zu unterdrücken und wir hatten das erhabene Schauspiel eines Kampfes der Ultramontanen und Genossen mit Kindern und schutzlosen Frauen. Die Kindergärtnerinnen jener Reactionsperiode haben in der That ein Märtyrerthum durchgemacht, das dem vieler um ihrer Gesinnung verfolgter Männer jener Zeit vollkommen ebenbürtig ist. Die Kindergärten wurden polizeilich verboten und die Vorsteherinnen derselben sahen sich plötzlich ohne Existenz; auch diejenigen, welche durch Unterricht und Vorträge Kindergärtnerinnen bildeten, mußten aufhören zu lehren und es fehlte nicht an Maßregelungen der mannigfaltigsten Art. Aber es ist auch damit gegangen wie mit andern Hemmungen des Fortschritts: — jetzt giebt es an unzähligen Orten Kindergärten und bald wird es keine Stadt und kein Städtchen mehr ohne einen solchen geben, ja, der Fortschritt wird dadurch noch größer, als man auch an die Kleinkinderbewahranstalten Kindergärtnerinnen als Lehrerinnen beruft. Dies ist gewiß ein Wirkungskreis, der kein Mädchen ihrer „natürlichen Bestimmung" entfremdet. Eine Kindergärtnerin wird, wenn sie selbst Gattin und Mutter wird, auch die beste Erzieherin und Behüterin eigener Kinder sein. Sie kann auch verheirathet noch dem Berufe der Leitung eines Kindergartens vorstehen, wenn sie noch eine oder ein paar Kindergärtnerinnen zur Seite hat — oder sollte ihr Mann andere Anforderungen an sie machen und sie es vorziehen diese Ausübung ihres Berufes aufzugeben, so weiß sie doch, sie kann ihn wieder aufnehmen und dadurch sich und ihre Kinder erhalten, wenn ihr Mann es einmal nicht mehr vermögen sollte. —

Wie es schon jetzt in vielen Geschäften Ladenmädchen und

Verkäuferinnen giebt und wie es sich in den Artikeln für Frauen, den Modemagazinen, Schnittgewölben u. f. w. kaum anders geziemt, so gestattet die Gewerbefreiheit, die ja nun fast überall in Deutschland eingeführt, den Frauen auch selbstständig Geschäfte zu eröffnen und zu führen. In Leipzig ist eine Handelsschule für Mädchen gegründet worden, in der sie nach einem zweijährigen Cursus und glücklich bestandenem Examen so weit befähigt entlassen werden, um nun Stellen nicht nur als Verkäuferinnen, sondern auch als Buchführerinnen, Correspondentinnen u. f. w. in jedem Comptoir übernehmen zu können. Sich kaufmännisch auszubilden ist auch für die Mädchen wichtig, denen die Verhältnisse diesen Beruf nahe legen; so z. B.: ihre Eltern haben ein Geschäft, so kann ihnen die Tochter den Commis ersparen, kann es nach deren Tod selbst übernehmen oder wenn sie sich wieder an einen Kaufmann verheirathet, ihm im Geschäft beistehen, besser natürlich als es schon sonst bei den meisten kleineren Kaufleuten geschah, wo die Frau mithelfen mußte, ohne je etwas von dem gelernt zu haben, was plötzlich von ihr gefordert ward. Außerdem aber kann sie auch selbstständig, wenn sie allein steht und nur die nöthigen Mittel dazu hat, ein Geschäft begründen ohne fürchten zu müssen, daß sie nur das Geld dazu gebe und Andere den Vortheil hätten, wie es ja nur zu oft der Fall ist. Wenn Frau und Tochter mit im Geschäft des Mannes arbeiten und Alles übersehen können, so wird die Gefahr, durch fremde Buchhalter, Commis u. f. w. betrogen zu werden, sich sehr verringern — und wer weiß, ob nicht auch die Zahl der leichtsinnigen Banquerotte kleiner wird! Frauen nehmen es in der Regel mit den Ausgaben genauer als Männer und wenn es auch oft bei dem Ruin eines Geschäftsmannes heißt: die Verschwendung der Frau sei daran schuld! — so üben die meisten Frauen diese allerdings nur zu oft vorkommende Verschwendung doch erst dann, wenn sie denken, daß sie ein Recht dazu haben, d. h. wenn sie der Mann in den süßen Traum wiegt oder darin erhält, daß sein Geschäft so viel einbringe um diese großen Ausgaben zu gestatten — sieht die Frau aber, selbst im Geschäft mithelfend und sich auf die Bücher verstehend, wie das Soll und Haben wirklich beschaffen ist, so wird jede nicht ganz verdorbene sich gern danach richten. — Eine Oekonomieschule zur praktischen und höheren Ausbildung für Mädchen, die sich der Landwirthschaft widmen wollen, ist in Quedlinburg gegründet worden von einer Dame, die Mitglied des Allgem. deutsch. Frauenvereins ist.

In Frankreich sind die Frauen nicht nur schon längst in den Comptoiren der Kaufleute thätig, sondern auch in den Bureaus der Eisenbahnen, der Telegraphen und der Post. Jetzt endlich denkt man auch in Deutschland daran dies zu thun und namentlich gehen hier Sachsen und Würtemberg mit gutem Beispiel voran. Etwa seit Jahresfrist fordern die sächsischen Behörden die Mädchen zum Telegraphen- und Postdienst auf, sie haben einen Acceß und Examen zu machen gleich den Männern und werden dann angestellt; Telegraphistinnen giebt es schon viele, in Bezug auf die Post ist die Sache noch neuer. In Dresden ist bereits eine Lehranstalt gegründet worden, welche Mädchen zu diesen Fächern vorbereitet.

Dem Photographiren, auch dem Lithographiren und der Holzschneidekunst haben sich gleichfalls viele Frauen zugewendet und die Gewerbefreiheit öffnet, wie gesagt, jeden beliebigen Weg, einen Beruf zu ergreifen: — der Eintritt in das Handwerk ist ihnen nicht mehr verschlossen. Es kommt nur darauf an sich selbst zu entschließen etwas lernen zu wollen und das Vorurtheil zu überwinden. Die Fähigkeit wird sich zeigen und die Gelegenheit sich finden müssen.

Jedes Mädchen z. B. das einen Schuhmacher heirathet, richtet sich sofort in seine Arbeit ein und hilft ihm bei der Schuhmacherei, sie lernt es eben auch von selbst, da sie vorher vielleicht nie daran gedacht noch sich mit dergleichen beschäftigt hat — warum soll sie es nicht lernen und treiben schon als Mädchen zu ihrem eignen Erwerb? Schneidern und Frisiren für Damen ist nun vollends ein Gewerbe, das sich nicht für Männer ziemt, schon aus Schicklichkeitsrücksichten. Bäcker, Köche, Beutler sollten ebenfalls ihr Handwerk in weibliche Hände niederlegen, denn dergleichen Beschäftigungen sind eben „unmännlich," nicht würdig des starken Geschlechtes. Sonst, als die Hausfrauen noch selbst das Brot buken, Licht und Seife sotten, spannen und wirkten, gehörten ihnen diese Arbeiten, die später Handwerk und Industrie ihnen abgenommen und sie sind vollständig berechtigt die alte Betheiligung daran zurückzufordern, nur so, daß sie jetzt nicht mehr im Hause, sondern außer ihm arbeiten, was die Fortschritte der Industrie in eine andere Werkstätte versetzten.

Industrieschulen für Mädchen würden wohl das beste Mittel sein, sie für das Handwerk zu bilden. Es ist hier wie bei dem Studium der Medicin: die Schwierigkeit liegt nur im Anfang — es müssen auf jedem Gebiet sich erst weibliche Winkelriede finden, die den Andern eine Gasse brechen und die feindlichen Speere nicht scheuen. Dann werden sich Werkstätten von Frauen finden, in denen wieder nur Mädchen ihre Lehrzeit durchmachen. Es ist Hoffnung vorhanden, daß der Frauenverein in Hamburg mit Gründung einer Industrieschule vorangehe.

Wie sich aber der meisten Handwerke die Fabrikindustrie bemächtigt hat, so dürfen auch die Frauen, auch die gebildeteren nichts Anstößiges mehr darin erblicken für Fabriken nicht nur zu Hause, sondern wo es erforderlich ist, auch in den Fabriken, selbst in geschlossenen Etablissements eine bestimmte Zahl Tagesstunden zu arbeiten. Nicht nur im industriellen Amerika thun dies die Frauen — Fabrikarbeiterinnen, die man „Lady's" nennt — die meist zu Wagen in die entfernte Fabrik geholt werden, wo man ihnen mit all der Achtung begegnet, die das weibliche Geschlecht überhaupt dort genießt — sondern auch in der benachbarten deutschen Schweiz verbindet man mit dem Begriffe: „Fabrikarbeiterin" nicht den einer armen und unwissenden Proletarierin, sondern man ehrt in ihnen selbstständige Jungfrauen, die Töchter guter Familien, die es für ehrenvoller halten, durch passende Arbeit sich ihre Existenz selbst zu sichern, als durch Nichtsthun ihren Angehörigen zur Last zu fallen. Und in der Schweiz hat bekanntlich trotz alledem das Familienleben nichts von seiner patriarchalischen Einfachheit und schönen Sitte eingebüßt — im Gegentheil: es ist gerade dadurch ein inniges und sittliches, weil es jedem Theile der Familie eine nutzenbringende Beschäftigung anweist und den träumerischen Müssiggang wie alles unpraktische Wesen aus seinem Kreis verbannt. —

In Leipzig besteht auch in einer großen Druckerei schon seit

Jahren ein Institut für Setzerinnen, die in einer von den Männern gesonderten Offizin arbeiten. —

Wir erwähnten schon einmal vorübergehend, wie unter den Fabrikarbeitern theilweise die Angst herrsche vor der Concurrenz der Frauen, wie es schon 1848 an manchen Orten geschehen, daß die Arbeiter die Frauen aus den Fabriken vertrieben. Neuerer Zeit hegt man da und dort ähnliche Gedanken, ja es ist — von den Lassalleanern — der Grundsatz aufgestellt worden: „die Lage der Frau kann nur verbessert werden durch die Lage des Mannes." Dies ist der aller Gesittung und Humanität Hohn sprechende Grundsatz, den unsere ganze Anschauung und diese Schrift bekämpft. Gerade die Partei, die von „Staatshilfe" sich so viel verspricht, die das allgemeine Stimmrecht fordert, schließt von allen ihren Bestrebungen die Frauen aus — dadurch beweist sie, daß sie ihr Reich der Freiheit d. h. „die Herrschaft des vierten Standes" gründen will auf die Sclaverei der Frauen — denn wer nicht frei für sich erwerben darf, ist Sklave. Aber das ist Gott sei Dank nur der eine, der kleinere Theil der Arbeiter; der größere hat in der Arbeiterversammlung zu Stuttgart auch der Frauenarbeit das Wort geredet und später der Frauenconferenz zugestimmt; auch seine Organe, wie Arbeitgeber, Arbeiterzeitung u. s. w., sind auf der Seite der Frauenarbeit.

Und es ist unbegreiflich, wie Jemand mit sehenden Augen nicht auf dieser Seite sein kann! Selbst wenn man annehmen wollte: es entstände eine Concurrenz, es würden manche Männer weniger Arbeit und Verdienst haben als jetzt durch das Angebot weiblicher Arbeitskräfte — nun so bleibt es ja ganz gleich, ob Männer oder Frauen feiern und hungern: die Anforderung auf Brot haben sie doch mit einander unbestreitbar gemein! Und wenn die Männer nicht mehr nöthig haben für ihre Frauen, Töchter und Mütter Brot zu verschaffen, so haben ja gerade sie von der Einführung der Frauenarbeit den größten Vortheil — wie denn alle unsere Frauenbestrebungen ja gar nicht geschehen — wie auch ein Theil unsrer Gegner lächerlich behaupten will: in Feindschaft und als Kriegserklärung gegen die Männer, sondern umgekehrt: weil es jetzt nicht mehr möglich ist, daß zwei Hände allein genug arbeiten und verdienen können, um ein ganzes Leben lang eine ganze Familie zu ernähren. Von diesem Druck, dem härtesten den es giebt, dem der Nahrungssorgen, von Verhältnissen, in denen es zum Verbrechen wird einmal Zeit und Kraft einem Unternehmen zu widmen, das vielleicht der ganzen Menschheit zu Gute kommt, gewiß aber der Familie nichts, oder doch vielleicht nichts einbringt — von diesem Drucke wollen wir die Männer so gut dadurch erlösen, wie wir uns selbst von dem Druck der Abhängigkeit erlösen wollen, indem wir eine naturgemäße Theilung der Arbeit fordern für Mann und Frau.

Der Mann, der arbeiten will, findet immer und überall eine Gelegenheit zu Arbeit und Verdienst — nur die Faulen, die Leichtsinnigen, Hochmüthigen und Lasterhaften sind es, die arbeitslos werden und dadurch in Schande und Elend versinken, im „Kampf um das Dasein" unterliegen. Es tritt auch Niemand zu ihnen und sagt: komm, Du brauchst nicht zu arbeiten und sollst es besser haben und mehr verdienen als wenn du arbeitest und Dein Leben hinbringst in Opfer und Entbehrung! So sagt Niemand zu dem Manne: aber zu dem Mädchen wird es tausendmal gesagt in feiner und roher Form, wird es gesagt von Männern, die nur unter der Herrschaft ihrer Sinnlichkeit stehen, wird es gesagt von alten Frauen, die selbst längst in den Abgrund der Schande versunken und verhärtet sind und von jungen Frauen, die eben noch im Rausch der Sünde lustig dahin leben — wird es gesagt vielleicht von den eignen Eltern!

Und so hören Tausende und aber Tausende auf diese Stimme und ergreifen das Mittel, das ja so leicht ergriffen ist! so geben sich die Einen dem Manne hin, der sie mit Geschenken und Versprechungen kirrt und aus ihrer verlaßnen Lage in eine freundliche versetzt, so werfen sich die Andern dem scheußlichsten Gewerbe in die Arme, weil es das einzige war, das ihnen offen stand — und dann entsetzt man sich über den Verfall des weiblichen Geschlechts und macht es für ein verbrecherisches Leben verantwortlich, das alle heiligsten Naturgesetze mit Füßen tritt, die Heiligkeit der Familie untergräbt, für die Gesetzgeber selbst zu einem Problem wird, das noch keine befriedigende Lösung gefunden!

Und wen trifft die Schuld von diesem Verbrechen? — Die Sittenlosigkeit der Männer und der Frauen! antwortet man schnell und denkt damit wohl noch ein gerechtes Urtheil zu sprechen, weil man die Männer nicht ganz frei davon spricht.

Aber wen trifft die Schuld dieser Sittenlosigkeit? Nicht allein die Einzelnen, die ihr erliegen — diese Schuld haben alle die Männer und Frauen, auch die sittenreinsten, auf ihrem Gewissen, welche den Grundsatz festhalten: das Weib ist nur da um des Mannes willen, — alle die Männer und Frauen, welche ihre Töchter nicht so erziehen, daß sie sich selbst erhalten können, alle die Männer, welche den Frauen das Recht auf Erwerb durch ihre eigene Arbeit streitig machen, — alle die, welche sie zum Müßiggang verdammen, ihnen nicht die Mittel zur Bildung, zur Arbeit, zu einer selbstständigen Stellung im Leben gewähren! Jene Schuld trifft auch den Staat, wenn er es zuläßt, daß den Frauen das Recht auf Erwerb verkümmert werde — und um von dieser großen Schuld der Zeiten wenigstens ein Sandkorn zu tilgen, habe ich diese Schrift geschrieben!